青春励志文学馆·少年成长智慧故事

你不**努力**，谁也给不了你想要的生活

文祺　段红霞 ◎ 编著

长　春

成长寄语

美国著名电台广播员莎莉·拉菲尔在她30年的职业生涯中，曾经被辞退18次，可是她每次都放眼高处，确立了更远大的目标。

最初由于美国大部分的无线电台都认为女性不能吸引观众，没有一家电台愿意雇用她。她好不容易在纽约的一家电台谋到一份差事，不久又遭辞退，说她跟不上时代。莎莉并没有因此而气馁。她总结了失败的教训之后，又向国家广播公司电台推销她的清谈节目构想。电台勉强答应了，但提出要她先在政治台主持节目。"我对政治所知不多，恐怕很难成功。"她也一度犹豫，但坚定的信心促使她大胆尝试。她对广播早已轻车熟路了，于是她利用自己的长处和平易近人的风格，大谈即将到来的7月4日国庆节对她自己有何种意义，还请观众打电话来畅谈他们的感受。听众立刻对这个节目产生了兴趣，她也因此而一举成名。后来，莎莉·拉菲尔成了自办电视节目的主持人，曾两度获得重要的主持人奖项。

她说："我被人辞退了18次，本来会被这些厄运吓退，做不成我想做的事情。结果相反，我让它们鞭策我勇往直前。"失败只是暂时的，想成功就不要言败。

如果你不努力，谁也给不了你想要的生活。人生就是向成功不断迈进的奋斗的过程。在这个过程中，面对困难要永不言败，要积极努力地去跨越各种障碍。那些真正的成功者，从不气馁，他们越挫越勇，屡败屡战，最后收获了精彩的人生。他们能，相信你也能！

目录 Contents

第一章 失败只是暂时的,想成功就不要气馁

给自己一个坚毅的承诺,别怕为成功付出代价 …… 002
并不是所有的成功,都会闪烁耀眼的光芒 …… 005
从生活中的需要入手,做前人没有做过的事 …… 008
制定超越自我的目标,就会有超越自我的作为 …… 010
只要我们还能笑,一切困难都会过去 …… 012
只有一切靠自己,才能把握自己的命运 …… 014
只有适应了环境,才有胜算的可能 …… 016
只要脚步不停歇,失败就只是暂时的 …… 018

第二章 在某些关键时刻,智慧总是比财富重要

智慧是永恒的财富,拥有智慧永远不会贫穷 …… 022
从没有限定的条件入手,可以解决刁难的问题 …… 024
如果一个人缺少智慧,就只有挨打的份 …… 026
用问题以外的问题,从根本上解决问题 …… 030
遇事不要莽撞蛮干,要先动脑子后行动 …… 032
肯动脑筋用智慧,凡事都会有胜算 …… 035
知识是无价之宝,是最伟大的力量 …… 037
知识是最好的报酬,它能改变一个人的命运 …… 039

你不努力,谁也给不了你想要的生活

第三章 充分发挥大脑的作用,解决面临的问题

善于运用大脑的人,成功常常相伴左右 …………………………… 042
只有抓住问题的关键,才能从根本上解决问题 ………………… 044
利用好自己的悟性,让它为人生绽放光彩 ……………………… 046
跳出自己的思维定式,才会走出死胡同 ………………………… 049
即使在最危急的时刻,也一定会有办法 ………………………… 051
尽可能地选择新视角,力争看到事物的新侧面 ………………… 053
从没有办法中想出办法,是一种做事的规则 …………………… 055
当山穷水尽时,应该另辟蹊径 …………………………………… 057

第四章 说话要学会灵活,办事要懂得变通

同一语句或动作,可以做出不同的解释 ………………………… 060
用含蓄的语言,把意思巧妙地表达出来 ………………………… 062
同样的意思换种说法,就会有不同的结果 ……………………… 064
把本来不幸的事,用含蓄的方式表达出来 ……………………… 066
人人都有度量,盛赞之下无怒气 ………………………………… 068
人人都喜欢被恭维,但恭维要恰到好处 ………………………… 070
转移对方的注意力,给对方造成一种假象 ……………………… 072
运用暗示的力量,可以影响和控制一个人 ……………………… 074

你不努力，谁也给不了你想要的生活

第五章 换个角度看问题，很多事都可以坦然面对

换个角度思考和行动，就会发现一片新天地 …… 078
不管发生什么事，都应认为是最好的安排 …… 081
既然事情已经发生了，就要学会坦然地接受 …… 085
看似不幸的背后，往往隐藏着幸运 …… 087
选择不同的定位，就会有不同的人生 …… 089
只要仔细观察分析，就不难找出事物间的联系 …… 091
遇到不好的事情时，要往积极的方面想 …… 093
先给对方留足面子，再委婉地表明自己的观点 …… 096
对方成为什么样的人，这和我们的态度有关 …… 099

第六章 人世间最珍贵的东西，就是现在能把握的幸福

快乐不是玩物，而是丰富的人生体验 …… 102
不要放过闲暇的时光，它同样有黄金般的价值 …… 105
从某种意义上说，我们都是自己最大的偷盗者 …… 107
把快乐的钥匙，掌握在自己手中 …… 110
要努力工作，也要享受生活的乐趣 …… 112
对别人要有信心，对自己更要有信心 …… 114
恒久不绝的信念和爱，是最坚韧的一粒种子 …… 116
始终保持幽默的情趣，是人生的一种境界 …… 118
如果不修正贪婪，就别指望跨入幸福的境界 …… 120

第一章

失败只是暂时的，想成功就不要气馁

人生难免遭受挫折和不幸，没有谁会一辈子一帆风顺。真正的成功者很明白这一点，他们没成功前是从不言败的，他们会继续努力，直到成功。记住：失败只是暂时的，想成功就不要气馁。

你不努力，谁也给不了你想要的生活

给自己一个坚毅的承诺，别怕为成功付出代价

成功的秘诀依赖坚毅的决心。——英狄兹雷利

蕾顿并非生就一副典型的体操选手体态，她并不优雅，也没有芭蕾舞者的柔美动作。她身高仅有145公分，她有一副结实而强壮的体格，看上去更像一名短跑选手，而不是一名具有潜力的体操明星。

她曾说："我知道自己在地板运动、旋转及芭蕾动作上，看起来并不优雅，但我是名优秀的短跑者，我有无穷的动能及爆发力。所以，我能够做其他女孩做不到的事。"14岁时，她便是弗吉尼亚州的冠军，且在世界性的体操竞赛中夺魁。小小年纪，她却有超龄的成熟，她已了解她要追求更高的目标。

"我需要有人在背后推动我，"她说，"我需要与其他志同道合的女孩共同奋斗。"当大部分青少年仍处在胡思乱想的阶段，蕾顿已为她的目标做出了极大的牺牲。她远离舒适的家，搬到休斯敦，住在一名陌生人的家里，只为了有机会受教于一位世界顶尖且要求极为严格的体操教练卡洛莉女士。

当其他孩子花时间在看电视、电影，与朋友厮混，或去旅行郊游的时候，她已每周受训七天，每天四小时。卡洛莉矫正了蕾顿八年来习以为常的所有习惯，从翻滚的方式到每日的饮食。当

奥运会日益临近时,蕾顿如此描述她的一天:"八点钟做热身运动,然后上学。放学再回到体育馆练习四个小时,接着做功课,然后上床睡觉。"很苦?当然。有趣吗?未必。那何必呢?因为胜利者所孜孜以求的事,其他人甚至未曾想过要去尝试。她可能并不喜欢每日枯燥的训练,但是她热爱体操,热爱她的梦想,也就乐于接受挑战。

然而,就在夏季奥运会开始前几周,她的右膝突然动弹不得。裂开的软骨碎片松落,嵌入膝关节中。手术后不到十天,她又回到体操馆，做全套的赛前练习。比赛迫在眉睫，不容拖延，所剩下的时间仅够做最后冲刺。她已准备多年，不能就此放弃。

大赛中的最后一个项目——跳跃动作，蕾顿需要 9.95 分，几近满分的成绩，才能与罗马尼亚最有希望夺得金牌的选手打平。记者如此描述她所做的努力："她轻轻助跑至起跳线，跃然而起，在高空中旋转，像一条铅棒一般落下，纹丝不动，却轻柔得犹如一只春天的蝴蝶。"

她得到完美的十分，但使所有观众、裁判及其他选手惊讶万分又肃然起敬的是，她竟然要求第二次试跳。令人无法置信，其结果是完美的十分！但是蕾顿丝毫不感到惊讶，她已有心理准备站在奥运会的领奖台上，因为她深知她已付出太多。

成 长 智 慧

没有谁会随随便便成功，任何人的成功都是建立在付出基础之上的。当一个人能够专注于自己的梦想的时候，他就会变得坚毅执着。也只有在这种情况下，他才不怕为成功付出代价，他才能做到别人做不到的事情。

并不是所有的成功，都会闪烁耀眼的光芒

勿问成功的秘诀为何，且尽全力做你应该做的事吧。——美华纳

1867年，玛丽出生于波兰首都华沙。她的父亲是一名中学的数学和物理教员，母亲当过小学校长。玛丽从小就爱好科学，父亲房间里放着的物理仪器、矿物标本等，都引起了她的兴趣。

1891年，玛丽带着积攒下来的钱，只身来到法国，进入巴黎大学理学院物理系读书。

在巴黎求学的4年里，玛丽以非同凡响的毅力过着一种贫寒却高尚的生活。她克服了常人难以想象的困难。在漫长的冬季，住在顶层阁楼中的玛丽因寒冷而无法入睡，她便从箱子里取出所有的衣服穿在身上或压在被子上，有时她甚至把椅子拉过来压在被子上取暖。对科学知识无止境的追求，使她忘记了物质上的困窘，她似乎被一种神奇的力量驱使着，在科学的海洋里遨游，不知疲倦，永不停歇。为了实现自己的抱负，她放弃一般年轻女子的快乐享受，过着与世隔绝的枯燥生活，萦绕在她头脑中的只有学习和工作。她对自己的要求始终很高，她不满足一个物理学硕士的学位，她还要争取获得数学硕士学位，她不断地鞭策自己在科学研究的道路上奋勇向前。就是凭着这种坚韧不拔、永远进取的顽强精神，她才在科学领域里逐渐崭露头角，并且最终成为一颗耀

眼的明星。

1895年,玛丽和居里结婚以后,人们才开始称玛丽为居里夫人。后来,在世界上她第一次发现并提取了放射性元素镭。

居里夫人的工作条件比较艰苦,设备也相当简陋。在提取和寻找镭的过程中,居里夫人常常把成袋子的沥青矿渣往她的"实验室"里搬,把它们倒在一口大铁锅里,用粗棍子搅拌。

因为居里夫人当时只是理论上的推测,并没有什么办法去证明新元素镭,所以巴黎大学的董事会拒绝为她提供她所需要的实

验室、实验设备和助理，她只能在校内一个无人使用的四面透风漏雨的破旧大棚子里进行实验。她工作了4年，最初两年做的是粗笨的化工厂的活儿，每天不断地溶解分离。经过一千多个日夜的辛苦工作，8吨小山一样的矿渣最后只剩下小器皿中的一点液体，再过一会儿将结晶成一小块晶体，那就是新元素镭！

当她满怀希望抑制住激烈跳动的心朝那只小玻璃器皿中看时，她看到4年的汗水和8吨的沥青矿渣最后的结果只是一团污迹。假如换了别人，也许会很生气，很恼火，然后把那个小器皿连同里面的那团污迹摔得粉碎。但是居里夫人没有，幸亏没有。

居里夫人疲倦地回到家，晚上她躺在床上，还在想着那团污迹，她想找出失败的原因："为什么只是一团污迹，而不是一小块白色或无色晶体呢？那才是我们想要的镭。"居里夫人像是对自己又像是对居里说着。突然，她眼睛一亮：也许镭就是那个样子，不像预测的那样是一团晶体。居里夫人决定再去看个究竟。她从门缝里看到了自己伟大的"发现"：器皿里那团不起眼的污迹，此时正在黑夜中发出耀眼的光芒。

这就是镭——一种具有极强放射性的、新被发现的元素！

成 长 智 慧

有些人总是和成功失之交臂，那是他们轻易放弃的结果，或者是他们把成功的结果想象得太过美好。并不是所有的成功都会闪烁耀眼的光芒，有时候，我们梦寐以求的成功可能只是一个毫不起眼的东西，但那却是我们要的。

从生活中的需要入手,做前人没有做过的事

不论成功或失败,皆存乎自己。——朗费罗

无论在家里还是在风尘仆仆的旅途中,你总可以看到人们将方便面倒入杯碗之中用开水一冲即行食用。但是,你知道创造方便面的是谁吗?他就是日本方便面条产业大亨安藤百福。

安藤还不是老板时,每天下班,他总要挤乘电车回家。等车的时候,他看到附近的饭店前,总有许多人排队等着吃热面条。这种情景他早已司空见惯,不以为怪了。可是有一天,他忽然来了灵感:"日本人这么喜欢吃面条,有没有法子让他们不用排队,随时随地很快地吃到面条呢?"就这样,他想做一种"用开水一冲就可食用"的方便面条。

他的想法立即招致家人和亲友们的反对:"好好安稳地做自己的工作吧,别异想天开啦!"可安藤决心已定,不为所动,他凑足了钱在家里搭起简易工棚,还买了一台轧面机,独自开始了试验。可是,最初几次尝试都失败了,轧出来的不是面条,而是一堆堆的面疙瘩。

这下,家人和亲友们更是嘲讽和阻止他了:"你不是搞科研和做生意的料。想发财穷得快,不要偷鸡不成蚀把米!"

安藤说:"万事开头难,这是前人没有做过的事,哪能一次

就成功呢？"他还是咬着牙继续试验。

1958年8月，安藤终于试制成功了第一批"鸡肉方便面"。安藤的方便面条上市试销后，很快就成了抢手货。安藤立即成立日清食品公司，正式生产、销售方便面条。公司开张仅8个月，就售出1300多万份方便面。原来不以为然的面条同行者看见有利可图，都一哄而上，抢做方便面条，还挑起了专利纠纷。安藤便高薪聘用技术专家，组建方便面研究所，他终于在1962年5月首先夺得专利权，击败了国内的竞争对手。

安藤还不满足，为了打开海外市场，他亲自专程去美、英、法等国深入考察。他发现袋装的方便面质量、调味都很好，就是吃起来十分不方便，问题出在容器上。于是，他果断地同美国达特公司联营，研制出适应美国人用叉子吃面条的杯子。五年后，日清公司正式推出杯装方便面。果然，它一下子风靡了海内外，厂门口前来装货的卡车排成了长蛇阵。杯装方便面压倒了袋装方便面，单是日清公司在美国杯装方便面的销售额每年都几乎增长一倍。

安藤百福的成功，使原本反对他试验的家属和亲友们都感到很惭愧。

成 长 智 慧

在我们的日常生活中，有很多的需要得不到满足，这些需要是前人没有做过的事，从这些需要入手，尽管这样做会遭到别人的反对，甚至是嘲笑，但只要坚持下去，往往会获得巨大的成功。

制定超越自我的目标，就会有超越自我的作为

对自己不满足，是任何真正有天才的人的根本特征。——契诃夫

有一个生长在旧金山贫民区的小男孩，他从小因为营养不良而患有软骨症，六岁时他的双腿变形成弓字形，而小腿更是严重的萎缩。然而在他幼小的心灵中，一直藏着一个没人相信会实现的梦想，那就是他想成为美式橄榄球的全能球员。

他是传奇人物吉姆·布朗的球迷，每当吉姆所属的克里夫兰布朗队和旧金山四九人队在旧金山比赛时，这个男孩便不顾双腿的不便，一跛一跛地到球场为心中的偶像加油。因为他穷得买不起票，所以只能等到全场比赛快结束时，他才能从工作人员打开的大门溜进去，欣赏最后几分钟的比赛。

十三岁时，有一次他在布朗队和四九人队比赛结束之后，在一家冰淇淋店里终于和心中的偶像面对面接触，那是他多年来所期望的一刻。他大大方方地走到那位大明星的跟前，大声说道："布朗先生，我是你最忠实的球迷！"吉姆和气地向他说了声谢谢。这个小男孩接着又说道："布朗先生，你晓得一件事吗？"吉姆转过头来问道："小朋友，请问是什么事呢？"男孩自豪地说道："我记得你所创下的每一项纪录。"吉姆十分开心地笑了，然后说道："真不简单。"这时小男孩挺了挺胸膛，眼睛闪烁着光芒，

充满自信地说道:"布朗先生,有一天我要打破你所创下的每一项纪录。"听完小男孩的话,这位美式橄榄球明星微笑着对他说道:"好大的口气,孩子,你叫什么名字?"小男孩得意地笑了,说:"奥伦索,先生,我的名字叫奥伦索·辛普森,大家都管我叫O. J."

奥伦索·辛普森在经过千辛万苦之后,的确兑现了他少年时所说的话。他在美式橄榄球场上打破了吉姆·布朗所创下的所有纪录,同时也创下了一些新的纪录。

成 长 智 慧

目标可以激发出一个人的潜能,甚至可以改写一个人的命运。把目标定在足够的高度,虽然看起来不容易达到,但它能使你付出所有的努力。当你可以为了某件事而付出所有努力的时候,这件事的成功就是一种必然。

只要我们还能笑,一切困难都会过去

只有在苦难中,才能认识自我。——希尔蒂

美国人克里斯托弗·里夫因在电影《超人》中扮演超人而一举成名,但没过多久,一场意外事故却降临在了他身上。

1995年5月27日,里夫在弗吉尼亚一个马术比赛中发生了意外事故。他骑的那匹东方纯种马在第三次试图跳过栏杆时,突然收住马蹄,里夫来不及防备,从马背上向前飞了出去,以至头部着地,第一第二颈椎全部折断。

五天后,里夫醒来的时候,发现自己躺在弗吉尼亚大学附属医院的病房里,他从脚到腿高位瘫痪。医生说里夫的颅骨和颈椎要动手术才能重新连接到一起,而医生不能确保他能活着离开手术室。

那段日子,里夫万念俱灰,甚至产生了轻生的念头。随着手术日期的临近,里夫变得越来越害怕。

一次,里夫3岁的儿子威尔对丹娜说:"妈妈,爸爸的膀子动不了呢。"

"是的。"丹娜说。

"爸爸的腿也不能动了呢。"威尔又说。

"是的,是这样的。"

威尔停了停,有些沮丧,但忽然他又显出很幸福的样子,说:"但是爸爸还能笑呢。"

"爸爸还能笑呢。"威尔的这句话让里夫看到了生命的曙光,他重新找回了生存的勇气和希望。

10天后的手术很成功,尽管里夫的腰部以下还是没有知觉,但他毕竟克服了巨大的疼痛而顽强地活了下来。

后来,里夫不仅亲自导演了一部影片,还出资建立了里夫基金,为医疗保险事业做出了贡献。里夫坚信他会在50岁之前重新站立起来,他要做一个真正的"超人"。

克里斯托弗·里夫在自传里郑重地记下了儿子的那句话:"爸爸还能笑呢。"

成 长 智 慧

乐观是一种积极的心态,也是支撑我们不断挑战自我的动力。无论在工作还是在生活中,不管遇到什么样的困难,我们都应该藐视它,并对自己报以微笑,然后告诉自己:只要我们对自己、对将来充满希望和信心,一切苦难都会过去。

只有一切靠自己,才能把握自己的命运

不管我们踩什么样的高跷,没有自己的脚是不行的。——布莱希特

有个科学家在研究人类潜在的生命力。他在实验室里,用小白鼠做实验。

每天一大早,他就从笼子里抓出那只小白鼠,把它放进一个透明的玻璃水池内,然后,立即计算时间。

科学家在玻璃池旁观察小白鼠在水里挣扎的情况,直到那只小白鼠快要被溺死时,科学家才赶忙将它捞出来,放回笼中。当然,科学家没忘记计算时间。

这样的实验进行了一个星期,每天的记录显示,小白鼠的挣扎时间在增加。

有一天早晨,科学家又继续他的实验。他将小白鼠丢进池中,不久,电话响了。

科学家便转身去接电话,那个电话是他女朋友打来的,两人情话绵绵,科学家忘记了池中的小白鼠。

当他记起时,侧身一看,那只小白鼠已经浮在水面上了。

小白鼠的死是因为那个"致命的电话"吗?

当然不是,那又是谁害死它的呢?

原来,每次科学家将它丢进池中,过不了多久,便会将它抓

上来。连续进行了几天,那只小白鼠便告诉自己:何必这么辛苦挣扎呢,最终会有一只手捞我上去的!就因为这个观念,它不去发挥其潜能挣扎生存,最终被淹死了。

成 长 智 慧

做事的时候,若能得到他人的帮助当然是件好事。但凡事都有两面性,过分依赖别人会使我们失去独立生存的能力。要知道,无论做什么事,最终都要靠我们自己,只有自力更生,我们才能左右自己的前程和命运。

只有适应了环境,才有胜算的可能

名 人 名 言

既然不能驾驭外界,我就驾驭自己;如果外界不适应我,那么我就去适应它们。——蒙田

这是社会心理学教授的最后一课。他带着学生们来到家门前的草坪上。

教授指着一棵老槐树说:"这里有一窝蚂蚁,与我相伴多年。"

学生们凑上前观看:树缝里有个小洞,小蚂蚁们东奔西跑,进进出出,很热闹。

教授说:"近些日子,我常常想办法堵截它们,但未能成功。"

学生们发现,树周围的缝隙、小洞大多被泥巴、木楔给封住了。

"可它们总是能从别处找到出路。"教授说,"我甚至动用樟脑丸、胶水,但是,它们都成功地躲过了劫难。有一段时间,我发现它们唯一的进出口在树顶,这是很不方便的;而一周后,我发现它们重新在树腰的空虚处开辟了一个新洞口。"

学生们表示钦佩。教授说:"蚂蚁们的生存环境不比你们广阔,它们的奋斗舞台实在很狭窄,更重要的是,它们深深理解自己的力量,因此,当它们知道自己无法改变洞口被堵死这一事实时,它们就很快地适应了。而自然界中那些善于拼搏、厮杀的猛兽们,

如狮子、老虎、熊，目前的生存境况大多岌岌可危，因为它们似乎不太懂得奋斗的另一层力量——适应。"

教授说："适应环境本身就是奋斗的组成部分，只有在此基础上，开辟战场去对抗生活才有胜算的可能。"

成 长 智 慧

不管你面对的是一个什么样的环境，不要企图去改变它，而是要学会如何去适应它。因为，你只有在学会适应的基础上，才有成功的可能。

只要脚步不停歇,失败就只是暂时的

　　这世界除了心理上的失败,实际上并不存在什么失败,只要不是一败涂地,你一定会取得胜利的。——亨·奥斯汀

　　犹太女作家戈迪默,无疑是犹太民族的骄傲。她是第一位获得诺贝尔文学奖的犹太女作家,也是诺贝尔文学奖设立以来的第7位女性获奖者。然而,这份荣誉是她用40年的心血和汗水浇铸的,这当中,她多次面临困厄与失败,但她从不沉沦,毫不气馁。

　　戈迪默于1923年出生在约翰内斯堡附近的小镇——斯普林斯村。她的父亲是犹太珠宝商,母亲是英国人,富裕的家庭生活造就了小戈迪默对未来无限的憧憬和遐想。

　　6岁那年,她做起了当一位芭蕾舞演员的梦,舞蹈生涯最能淋漓尽致地表现人的修养和思想情感,也许这就是她追求的事业。于是,她报名加入了小芭蕾剧团。可是事与愿违,由于体质太弱,她对大活动量的舞蹈并不适应,小戈迪默被迫放弃了对这项事业的追求。

　　遗憾之余,这位倔强的女性暗暗发誓:条条大道通罗马,我终究要找到适合自己的成功之路。然而,命运不但没有赐福给她,反而把她逼向越发痛苦的深渊。

　　8岁时,她又因患病离开了学校中断了学业,她只好终日与书为伴。一个偶然的机会,戈迪默发现了斯普林斯图书馆,此后,她一头扎进了这家图书馆,整日泡在书堆里,尽情而贪婪地吮吸着知识的营养。终于,她那嫩弱的小手拿起了笔,一股股似喷泉一样的情感流淌在了白纸上。那年,她刚刚9岁,文学生涯就此开始。15岁时,她的第一篇小说在当地一家文学杂志上发表了。

1953年,戈迪默的第一部长篇小说《说谎的日子》问世。优美的笔调,深刻的思想内涵,轰动了当时的文坛。戏剧界、文学界几乎同时将关注的目光投向了这位非同一般的女作家——内丁·戈迪默。像一匹脱缰的野马,戈迪默的创作一发不可收拾。漫长的创作生涯,她相继写出10部长篇小说和200篇短篇小说。多产伴着上等的质量,使她连连获奖:1961年,她的《星期五的足迹》获英国史密斯奖;1974年,她的长篇小说《自然资源保护论者》又获得了布克文学奖。

创作上的黄金季节使戈迪默越发勤奋刻苦。她说："我要用心浸泡笔端，讴歌黑人生活。"她满腔的热忱很快就得到了回报，她的《对体面的追求》一出版，就成了她的成名之作，并受到了瑞典文学院的注意。接着，她创作的《没落的资产阶级世界》《陌生人的世界》和《上宾》等佳作，轻而易举地打入诺贝尔文学奖评选的角逐圈。然而，虽然几次她都获诺贝尔文学奖提名，但每次都因种种原因而未能得奖。

面对打击，这位柔弱的女性若有所失。但是，失败并没有阻碍她向前的脚步，更没有影响她对事业的追求，她继续努力着、奋斗着，一刻也没放松文学创作。1991年，她从荆棘中闯出了一条成功的路，如愿以偿地获得了诺贝尔文学奖。

成长智慧

失败只是一种暂时的状态，是人生道路上的一道障碍，成功的脚步不应因此而停留。只有跨过了这道障碍，成功之花才会绽放。

第二章

在某些关键时刻，智慧总是比财富重要

不可否认，财富是重要的，因为毕竟在平淡的日子中，财富可以让我们过上衣食无忧的生活，而智慧则显示不出它的特殊之处。但当我们遇到紧急情况的时候，使我们摆脱困境，甚至是保住性命的，不是财富，而是智慧。

你不努力,谁也给不了你想要的生活

智慧是永恒的财富,拥有智慧永远不会贫穷

良好的人生是受行动和智慧指导的。——罗素

很多年以前,在奥斯维辛集中营里,一个犹太人对他的儿子说:"现在我们唯一的财富就是智慧,当别人说一加一等于二的时候,你应该想到大于三。"纳粹在奥斯维辛毒死了几十万人,父子俩却活了下来。

1946年,他们来到美国,在休斯敦做铜器生意。一天,父亲问儿子一磅铜的价格是多少?儿子答35美分。父亲说:"对,整个得克萨斯州都知道每磅铜的价格是35美分,但作为犹太人的儿子,应该说成是3.5美元,你试着把一磅铜做成门把看看。"

20年后,父亲死了,儿子独自经营铜器店。他做过铜鼓,做过瑞士钟表上的簧片,做过奥运会的奖牌,他曾把一磅铜卖到3500美元,这时他已是麦考尔公司的董事长。然而,真正使他扬名的,是纽约州的一堆垃圾。

1974年,美国政府为清理给自由女神像翻新扔下的废料,向社会广泛招标。但好几个月过去了,没人应标。正在法国旅行的他听说后,立即飞往纽约,看过自由女神下堆积如山的铜块、螺丝和木料后,他未提任何条件,当即就签了字。

纽约许多运输公司对他的这一愚蠢举动暗自发笑,因为在纽

约州，垃圾处理有严格规定，弄不好会受到环保组织的起诉。就在一些人要看这个犹太人的笑话时，他开始组织工人对废料进行分类。他让人把废铜熔化，铸成小自由女神像；将水泥块和木头加工制成底座；把废铅、废铝做成纽约广场的钥匙。最后，他甚至把从自由女神身上扫下来的灰包装起来，出售给花店，不到3个月的时间，他让这堆废料变成了350万美元现金，每磅铜的价格整整翻了1万倍。

成 长 智 慧

　　一个人什么都可能会失去，但智慧不会失去。一个人没有什么都不要紧，但不能没有智慧。在这个世界上，唯有智慧才是永恒的财富，它能引导人通往成功，而且能使人永不会贫穷。

从没有限定的条件入手，可以解决刁难的问题

人身体最灵活的部分是脑子。——美华纳

大文豪高尔基在童年时，曾在一个食品店干过活。因为高尔基嗜书如命，伙计们笑他是个白痴，可高尔基毫不在乎，仍我行我素，因为他有自己的理想和追求。

有一次，一个刁钻古怪的顾客送来一张奇怪的订货单，上面写着："定九块蛋糕，但要装在四个盒子里，而且每个盒子里至少要装三块蛋糕。"大伙计看了订货单，很为难："先生，这，这哪行呀？"

顾客傲慢地说："贵店不是以讲信誉闻名远近吗？如果连这点小事都办不成。嘿嘿，今后还是把招牌砸掉吧！"说罢扬长而去。

大伙计不敢再说什么，马上向老板汇报。老板也觉得为难，只是含糊地说："装了再说罢。"大伙计伤透了脑筋，碰坏了好几块蛋糕，也没法照订货单的要求装好。

"老板，让我来试试吧。"高尔基拿起那张订货单，认真读了一遍，终于鼓起勇气这么说。

"你？不做错生意就不错了，还想逞能！"大伙计对高尔基嗤之以鼻。

高尔基坚定地说:"这有什么难,比点钞票还容易,我来装吧!"他先将九块蛋糕分装在三个盒子里,每盒三块,然后再把这三个盒子一齐装在一个大盒子里,用包装带扎紧。

大伙计不服气地摇摇头说:"怎么能用不一样的盒子装呢?而且还有一个盒子没装蛋糕。"

高尔基反驳道:"难道订货单上限制了盒子的大小和不能套装吗?"

大伙计无言以对。老板也不知是否符合,惴惴不安地等着顾客来验收。

不久,顾客来到柜台边,以挑剔的眼光仔细检查了一番,的确无懈可击,便怏怏地提着蛋糕走了。老板和大伙计终于松了一口气。

从此以后,他们开始尊重起聪明的高尔基了。

成 长 智 慧

在日常生活和工作中,我们常常会遇到来自一些不怀好意的人的刁难,这些问题表面上看起来很难解决,其实也很好解决。因为只要是问题就会有漏洞,这些漏洞就是没有限定的条件,只要从这些没有限定的条件入手,问题就会得到解决。

如果一个人缺少智慧，就只有挨打的份

没智慧就没有主动权，就会处处被动。——赫尔岑

有一天，国王在大街上散步。一群小学生放学回家，嘻嘻哈哈地蹦着走路。他们见到国王，都很礼貌地立正，鞠躬。其中有个小学生长得非常可爱。国王非常喜欢他，把他叫住，问长问短，小男孩对答如流，国王大喜，便从口袋里掏出一枚金币，奖赏给他。小男孩连连摇手不要。国王旁边的大臣很是奇怪，问他为什么不要。

男孩答道："我担心妈妈怀疑是我偷的！"

"哎，小傻瓜！你只管说是国王奖给你的。"

男孩还是摇手，说："不行。妈妈会说，如果是国王奖赏，哪会只有一枚金币呢？其余的你藏到哪里去了？"

国王听罢哈哈大笑，认为男孩说得有理，便示意大臣掏出一大把金币，送给男孩，并约定日期叫他到王宫去玩。

到了约定的日子，小男孩来到王宫前，可是宫门卫兵不放他进去。他说了许多好话，卫兵还是不放他进去。不得已，男孩便把国王如何赏他金币，如何约他来玩的事一股脑儿地说了出来。

卫兵听说国王赏给男孩一大把金币，羡慕不已，便对男孩笑嘻嘻地说："好，我放你进去。不过，国王要是再赏给你什么礼物，

可别忘了我，也得分些给我呀！"

"好，无论国王送给我什么礼物，我只拿百分之一，其余统统给你，这行了吧？"男孩说。

卫兵一听顿时心花怒放，可又不放心，他再三强调："你小小年纪说话可要算数啊！"

"当然算数！"小男孩指天发誓道。卫兵这才放他进去。

小男孩拜见了国王。国王高兴地拉着他的手，问了一些国家时事和史地知识，谁知男孩竟有问必答，滴水不漏。国王大为惊喜，认为他遇到了神童，又要奖赏男孩礼物，便问他喜欢什么东西。

小男孩立即说："请往我身上打100棍子。"

国王非常奇怪，要他收回这个请求。无奈男孩坚持要打，只得吩咐侍卫取来木棍。

男孩说："国王陛下，请打我一棍，其余99棍都赏给那个宫门卫兵。"

国王和大臣惊诧地问："这是为什么？"

男孩便把自己如何在宫门前受阻，后来答应把国王礼物的百分之九十九送给他才得以进宫的事一五一十地说了出来。

国王听罢大怒，便传令侍卫用木棍轻轻地打了一下小男孩，唤来宫门前那个索贿的卫兵，重重地打了他99棍。

从此，国王将小男孩留在宫里，专门请名流学者教给他各种知识，男孩长大后当了国王的宰相。

再来看下面的这个故事。

缅甸有个贫穷的农夫，希望有朝一日能富裕起来。一天，他拿了一只公鸡献给国王。

国王笑道："一只公鸡对我来说是微不足道的礼物。我一家六口：我、王后、我的两个儿子和两个女儿。我们怎么分这只公鸡呢？"

农夫割下鸡头献给国王，说："陛下是一国之首，所以请收下鸡头这份厚礼。"接着他割下鸡背上的肉，说："这个献给王后——王后背负着全家的重担。"他又割下两只鸡脚，说："这两只给两个王子。他们将踏着您的足迹，登上统治者的宝座。"随后，他割下两只翅膀说："让两个公主每人得到一只翅膀，因为她们有朝一日出嫁时，就要同她们的丈夫一起远走高飞。剩余的部分是属于我的，因为我是陛下的客人，而主人有义务用最好的食物招待来客。"

国王听了农夫机智的回答非常满意，便赏给他许多金银和宝石。

有个贪婪成性的男人，听说这个故事后，就带着五只公鸡来到王宫，对国王说："小人敬献五只公鸡问候陛下。"

国王一眼便看出此人的来意，就说："我很乐意接受你的五只公鸡，但我一家六口，假如你能公平合理地把公鸡分给我们，我就大大地奖赏你。"

贪心的男人不知道如何分配，他后悔自己不该带五只公鸡，而应该带六只来。国王差人把农夫招来，让他分。

农夫泰然自若地说："陛下，这好办：一只公鸡献给陛下和王后，另外一只献给两位王子，第三只属于两位公主，剩下的两只公鸡属于我，这是分配公鸡唯一合理的方法。因为陛下、王后和一只公鸡加起来等于三，陛下的两位王子和另外一只公鸡加起来等于三,陛下的两位公主和一只公鸡加起来等于三,而我和剩余的两只公鸡加起来也等于三。"

国王非常满意,赏给农夫两只公鸡,还给了他一大笔奖赏,而那个贪婪的男人却白白丢了五只大公鸡。

成 长 智 慧

智慧可以让你得到别人的赏识,智慧可以让你得到财富,智慧可以让你得到一切你想得到的东西。但是,如果一个人缺少智慧,就很难得到自己想要的东西,并且只有挨打的份。

用问题以外的问题,从根本上解决问题

解决问题,最重要的是先找到问题的根源。——戈雅

非洲有个胖女人,胖得连路都走不动了。她去找医生,想要一些减肥药。

医生让她坐下来,详细地询问了她的病情。女人说,她越来越胖,担心总有一天身体要爆炸。

"大夫,我求你给我一种好药。"胖女人央求他。

"你先付了钱,明天再来找我。"医生对她说。

女人付了钱就回去了。

第二天,胖女人又来找这个医生。医生把她从头到脚检查了一遍,看了看她的嘴,摸了摸她的手和脚,对她说:"尊敬的太太,我读过 21 783 本书,研究过 1 800 多万颗星星,我可以如实地告诉你,再过七天你就要死了,那还需要什么药呢?你就回家去等死吧!"

胖女人听了医生的话,吓得浑身发抖。回到家以后,她不停地数着,看她在人间还能活多少个小时。她不肯吃也不肯喝,到了晚上也不肯睡觉。她一天天、一小时一小时地瘦了下去。七天过去了,女人躺在床上,唉声叹气地等着自己的死期。可是,死神根本没有降临。到了第八天、第九天,她还是没有死。

女人忍不住了,就去找医生。这时候,她已经瘦了许多,走起路来步子已经很轻快了。

"你这个医生真坏!"她愤怒地说,"你凭什么拿我那么多钱?你向我保证过,说我七天以后一定会死,可是今天已经是第九天了。我已经看透了,你是个骗子!"

医生静静地听她说完,就问她:"告诉我,你现在是胖了还是瘦了?"

女人回答说:"我可是瘦多了!一听说要死了,我吓得一天比一天瘦!"

于是,聪明的医生就对她说:"我这么一吓唬你,比最好的药还灵,可是你还说我是个坏医生!"

女人听了哈哈大笑,从此她和医生成了好朋友。

成 长 智 慧

很多时候,某些表面上看似毫不相关的问题,其内部却存在着一定的因果关系。无论做什么事,不妨多想想问题以外的问题。我们要摆脱表面上的模式框架,通过问题以外的问题,由此及彼,追根溯源,才能更好更快地解决问题。

你不努力,谁也给不了你想要的生活

遇事不要莽撞蛮干,要先动脑子后行动

做事之前,先过过脑子,这样不容易出错。——本·琼森

非洲马里有个道德高尚、治国有方的国王叫埃雷索·马巴,他的长女德日内迪长得非常漂亮,求婚者从王国的四面八方赶来。国王决定将公主嫁给求婚者中能顺利通过两项比赛的人。比赛内容是:一、将挂在广场上一棵高大的吉贝树树枝上的一个小花瓶取下来,而自己不许有半点擦伤;二、喝下三勺正在沸腾的烫粥。

一些求婚者第一项比赛就败下阵来。他们为了不被布满吉贝树身的尖刺破身子,采用了各种攀缘方法,施展了种种技艺,但是没有一人成功。第二项比赛更为不易,锅内沸腾着的小米粥是多么烫嘴啊!求婚者被烫得丑态百出,泪水横流。总之,求婚者个个惨败,没有一人通过比赛。

最后一个参赛的小伙子叫扎尼。他拿起一条长软皮带绳,打了一个扣儿,把带扣儿的一端向上一抛,扣儿准确地挂在了树干突出来的巨大皮皱之上,然后,他拉了拉绳子,试试它挂得是否牢固,接着他便抓住绳子,交错地移动着双脚往上爬,他爬得是那样的轻松,很快他就到达了放置花瓶的树枝,他把花瓶衔在嘴里,爬下树来,将花瓶放在国王面前。大家欣喜若狂,把扎尼举得高高的。

扎尼谢过大家之后，便走到粥锅前，拿起了大勺子，在场的人都屏住呼吸，感到一阵紧张。

扎尼满满地舀了一勺烫粥，转身向全场的人说道："在人群当中，有些人对我的初步胜利拍手称快，这些人是正直的、诚实的。他们对别人的努力给予好评，内心里为别人的成功感到高兴，我对这些朋友给予我道义上的支持表示感谢。为了给这些朋友争口气，我，扎尼，即使被烫伤，也将喝下这第一勺粥！"

扎尼讲这些话的时候，故意慢条斯理地拖延时间。这样，流动着的空气早已把粥吹凉了。但他喝粥时仍装出嘴被烫得很难受的样子。

随后，他又舀了第二勺粥，说道："在场的人，也有一些坏家伙，我的成功使他们大为恼火，使他们大失所望，他们极为仇视我，当我攀上吉贝树的时候，他们咬牙切齿，而我喝下第一勺粥时，他们歇斯底里地发作。这是一些不道德的小人，是些令人厌恶的自私自利之徒！然而，他们的不义，只会激发我去夺取更大的胜利！为了使他们再次受挫，我将喝下这第二勺粥，而不表现出任何烫伤的痛苦。"说完，他一口气把粥喝进嘴里，这又引起了一阵欢呼。

他又走近粥锅，舀了满满的第三勺，然后端着粥，走到王室的华盖之下，说："在这华盖之下，坐着一位正义善良的国王，一位仪态端庄的王后，一位仙子般漂亮的公主。她们的内心纯洁无瑕，一直给子民造福，而绝不以权谋私。此时此刻，我正为能与这一德高望重的门第结亲而努力，但愿皇家这光辉的道德典范能永世长存。对于未来我深感不安，因为地球将变为一个弱肉强食的世界,在那个世界里,猛禽将制伏白鸽,邪恶将战胜美德。不过那时每个人行为的好坏,都将记在真主的账簿上。子孙后代对那些贤人善德将永世不忘,而那些恶人丑事将遗臭万年!好,为了国王一家的健康,我喝下这最后的一勺粥。"扎尼慢慢地喝着,他面不改色,神色安详而又坦然。

所有在场的人都站了起来,为胜利者欢呼喝彩。

埃雷索·马巴国王遵守自己的诺言,把美丽的公主嫁给了聪明的扎尼。

后来,公主和扎尼生活得十分幸福。

成 长 智 慧

做什么事都应该先动脑子,莽撞蛮干非但不利于问题的解决,反而会把自己弄得遍体鳞伤、狼狈不堪。聪明的人往往不会急于求成,他们善于开动脑筋,总能机智巧妙地绕到问题的另一边,避开正面的障碍,从而轻松地解决问题。

肯动脑筋用智慧，凡事都会有胜算

智慧是胜利的保障。——德雷克斯

壮族有个县官，多次挨汪头三捉弄，很不舒服，总想好好整他一下。

一天，县官对汪头三说："我赌你10天里吃不下100只鸭子。吃下了，100只鸭子不要你付钱，再送你100只鸭子；吃不下，赔我100只鸭钱，再白白帮我打100天工。"

汪头三说："行啊。不过，我也和你赌——我赌你吃不完一个鸡蛋。要是你吃不完，得输我一只鸡。"县官一口气说了上百个"愿意"。

打赌开始了。县官叫人买来100只大鸭子，把它们关在一间屋里，让汪头三也搬进去住。所有门窗统统上锁关闭，县官还派人在外边严加把守。第一天，汪头三杀了30只鸭子，扯了毛，抽了骨，剁成肉丁，撒给70只鸭子吃。第二天，他又杀了20只鸭子，去毛，剔骨，剁肉，喂给50只鸭子吃。第三天，他又杀了20只鸭子，给30只鸭子吃……就这样，鸭吃鸭，到了第十天，只剩下1只鸭子了，汪头三饱餐了一顿。县官把门打开，鸭子不见了，只剩下一堆鸭毛、鸭屎、鸭骨头，汪头三正在床上呼呼大睡呢。

轮到汪头三赌县官了。汪头三拿来一个鸡蛋,放在大锅里加满水,烧大火煮。水煮干了又添,添满了又煮干,一连煮了七天七夜,才捞出来给县官吃。县官把蛋壳剥开,我的天,鸡蛋硬邦邦的,比石头还硬。县官用牙一咬,牙齿断了,可鸡蛋上连牙印都没见。就这样,县官输给了汪头三100只鸭子,外带一只鸡。

成 长 智 慧

无论遇到多么棘手的问题,只要我们肯动脑筋用智慧,都会找到解决问题的方法。尤其在与别人打赌的时候,一定要事先心中有数才可以赌,这样才有胜算。

知识是无价之宝,是最伟大的力量

知识就是力量。——托·霍布斯

古希腊著名科学家、哲学家和政治家泰勒斯,出身于统治米利部的贵族家庭,他的家族既有很高的政治地位,又很有钱。他为了求知到埃及旅行和学习,回来后又继续钻研科学知识。这样一来,他所继承的财产被花费得所剩无几。

某天夜晚,泰勒斯仰面朝天向一个广场走去,他正一心一意地观察天上的星星,没注意前面有个土坑,他一失足,掉进了坑里。

有个商人走过来奚落他说:"你自称能够认识天上的东西,却不知脚下面的是什么。你研究学问的得益可真大啊,跌进坑里就是你的学问给你带来的好处吧!"

泰勒斯爬出坑,镇定地答道:"只有站得高的人,才有从高处跌进坑里的权利和自由。像你这样不学无术的人,是享受不到这种权利和自由的。没有知识的人,就像本来就躺在坑里从来没爬出来过一样,又怎么能从上面跌进坑里呢?"他机智的反驳,使那个商人自讨了个没趣。

但是,那个商人不想认输,他继续挖苦泰勒斯说:"可你渊博的知识能给你带来什么呢?金子还是面包?"

泰勒斯说："咱们走着瞧吧！"

他运用丰富的天文、数学和其他科学知识，经过周密的预测和计算，断定第二年将是橄榄的丰收年。他变卖家产，用相当廉价的租金租了附近所有的橄榄榨油机。第二年，橄榄果真获得大丰收，人们争相租用榨油机。这时，泰勒斯转而用很高的价钱出租榨油机。

一天，泰勒斯见那个曾嘲笑过他的商人也来求租，就上前说："尊贵的富翁啊，看到了吧？这些榨油机都是我用知识搞到手的。像你这样的富翁也只好求助于我。然而，我追求的不是这几个钱，而是为了证明科学知识对人的生活是大有用处的。知识是无价之宝，是最伟大的力量！"

成 长 智 慧

一个人无论多么贫穷，只要有知识，并且会运用知识，他总会变得富有。在这个世界上，金钱是有价的，但知识是无价的。知识是最伟大的力量，只要发挥出它的力量，我们就无所不能。

知识是最好的报酬,它能改变一个人的命运

真正的知识使人真正地、实实在在地胜过他人。——爱迪生

一名14岁的中学生,利用暑假替街坊修整草坪,赚取一点零花钱。让他感到困惑的是,有些人付酬时总是不那么爽快,比方说巴罗先生,该他掏钱的时候,他不是说身边没有比50美元再小的票子,就是说手头的支票本暂时用光了,要不,索性好几天不见人影。虽然少年很希望得到自己应得的酬劳,但又觉得不宜过于较真。

一天傍晚,少年路过巴罗先生家时,被他热情地叫住了。巴罗先生请少年进屋子坐坐,他有些难为情地说:"我应该……不过……"少年爽快地说:"没关系的。""银行在我的账上出了点小差错,不久就会搞清楚的。呃,我想,你也许愿意在我这里挑一两本书看,作为一种补偿。"

少年环顾一下,屋里几乎到处是书,真像个图书馆。少年并不爱读书,见了这么多书,既惶恐,又钦佩:"这些书您都读过吗?"巴罗先生说:"这些还只是我保留下来的、值得读第二遍的书。"

为了掩饰自己不爱读书,少年借了一本巴特著的《正义永存》,并且在回家后,硬着头皮读它。谁知道,才翻了几页,他就被内容深深地吸引住了。当少年去归还《正义永存》时,巴罗先生又

递给他一本玛格丽特写的关于人类学的经典著作。谁也没想到,这本书竟让少年迷上了人类学。

35年后,当年的那个少年在达特茅斯学院讲授人类学的时候,他才明白:那年夏天,巴罗先生已付给了他最高的报酬。

成 长 智 慧

知识是无法用金钱来衡量的。知识的力量是巨大的,它能给人带来精神上的慰藉和心理上的满足,它能使人在无形中受到启发和教育,并不断成长进步,它可以改变一个人的命运。

第三章

充分发挥大脑的作用，解决面临的问题

　　我们的一切思想活动都来自大脑，大脑是我们每个人最宝贵的资源。充分发挥大脑的作用，会给我们带来无尽的财富。遇事时要打破固定思维，运用积极思考的力量，任何难题都会迎刃而解。

善于运用大脑的人,成功常常相伴左右

把时间用在思考上,是最能节省时间的事情。——卡曾斯

著名作家刘燕敏写过这样一个故事。

当时人们都去开山,但他不像别人那样把石块砸成石子运到路边,卖给建房的人,而是卖给杭州的花鸟商人。因为这儿的石头总是奇形怪状,他认为卖重量不如卖造型。5年后,他成为村上第一个盖起瓦房的人。

后来,政府不许开山,只许种树,于是这儿成了果园。每到秋天,漫山遍野的鸭梨招来八方客商,他们把堆积如山的梨子成筐成筐地运往全国各地,甚至还出口韩国和日本。因为这儿的梨,汁浓肉脆,纯正无比。

就在村上的人为鸭梨带来的小康日子欢呼雀跃时,他卖掉果树,开始种柳。因为他发现,来这儿的客商不愁挑不到好梨子,只愁买不到盛梨子的筐。5年后,他成为第一个在城里买房的人。

再后来,一条铁路从这儿贯穿南北,这儿的人上车后,可以北到漠河,南抵九龙。小村对外开放,果农也由单一的卖果开始谈论果品加工及市场开发。就在一些人开始集资办厂的时候,他在他的地头砌了一堵3米高、百米长的墙。这堵墙面向铁路,背依翠柳,两旁是一望无际的万亩梨园。坐火车经过这儿的人,在

欣赏梨花时，会突然看到四个大字：可口可乐。据说这是五百里山川中，唯一的一个广告。他凭这堵墙，第一个走出了小村，因为他每年有 4 万元的额外收入。

20 世纪 90 年代末，日本丰田公司亚洲区代表山田信一来华考察。当他坐火车路过这个小山村时，听到了这个故事，他被主人公罕见的商业头脑所震惊，当即决定下车寻找这个人。

当山田信一找到这个人的时候，他正站在自己的店门前，与对门的店主吵架，因为他店里的一套西装标价 800 元的时候，同样的西装对门标价 750 元；他标价 750 元的时候，对门就标价 700 元。一个月下来，他仅卖出 8 套西装，而对门却卖出了 800 套。

山田信一看到这种情形，非常失望，以为自己被讲故事的人欺骗了。然而，当山田信一弄清真相之后，立即决定以百万年薪聘请他。

因为对门的那个店也是他的。

成 长 智 慧

一个人之所以能够成功，一定有他成功的理由。在各种成功的理由中，善于运用大脑是最让人敬佩的。在我们自身所有的资源中，大脑是最值钱的，一个善于运用大脑的人，无论在何时何地都会有成功相伴。

只有抓住问题的关键,才能从根本上解决问题

只要是问题,就有打开这个问题的那把钥匙。——狄德罗

从前,有一个守园人看守着一座官家园林。

园子中长着一棵毒树,这棵树虽有毒,但长得非常好,大大的枝丫伸向空中就像一把撑开的伞。许多游人来到园中游玩观赏,停在这棵毒树下乘凉休息,结果沾上了毒气,有的头痛欲裂,有的腰酸背痛,有的甚至躺在树下再也起不来了。

守园人知道这是一棵毒树,又亲眼看见了众人在树下休息不是得病就是亡命的遭遇,他决定用斧子砍掉这棵毒树。

他找来一把一丈多长的长柄斧子,远远地站着砍倒了毒树。可奇怪的是,不到十几天,毒树又重新长起来了,而且枝叶变得更加茂盛,团团簇簇,煞是好看,还有那说不出的种种奇妙之处,众人见了没有不喜欢的。

由于众人不知底细,看到这么一个好地方都纷纷争着抢着到这棵毒树下乘凉。可是还没等太阳的影子移开,人们就又遭到了毒害的厄运。

守园人见了,又像以前一样,拿着长柄斧子远远地砍树。可是没多久,树又长出来了,而且长得比被砍之前更加的好看。就这样,守园人砍了一次又一次,但每次砍后不久毒树又重新长出

更好看的枝叶来。

那个守园人的族人、妻子、儿女、仆人等,都因在这棵树的树荫下乘凉而中毒身亡。现在只剩下守园人孤身一人,他日夜忧愁苦闷。

一日他正哭哭啼啼地走在路上,他碰到了一位老者,就向老者哭诉自己的不幸遭遇。

老者听后,对守园人说:"你的这些不幸遭遇和痛苦,完全都是你自己造成的。要想堵住流水,就得高筑堤坝;要想砍倒毒树,就必须挖掘树根啊!你每次砍掉的仅是毒树的枝干,就好比给毒树修剪枝叶一样,怎么能叫砍树呢?你现在赶紧去挖掉这毒树的根吧!"

成 长 智 慧

在解决问题时,不要被问题的表面现象所迷惑,做一些无用功,要找到问题的关键所在。只有抓住了问题的关键,才能从根本上解决问题。

利用好自己的悟性,让它为人生绽放光彩

悟性的大小跟智慧的多少成正比。——萧伯纳

女孩玛利亚·罗塔斯是萨尔瓦多人,她在贫困的印第安人家庭刚刚坠地,就被父母带到美国寻找生路。头几年,父亲靠打零工,当卡车司机,为人家擦楼窗养家糊口,直到几年以后他才找到一份固定工作,取得了美国国籍。他万万没有想到,小女儿玛利亚·罗塔斯竟会给他带来好运。

玛利亚·罗塔斯刚刚 6 岁时,就对各种玩具表现出极大的兴趣。因为家中贫困买不起更多的玩具,她就用父亲买来的橡皮泥捏成各种各样的小动物玩。她的橡皮泥玩具几乎每天都有新花样,只要她看到过的,她都可以用自己的方式把它捏成她喜欢的玩具,她对玩具有着超常的悟性。

那年过圣诞节,父亲要送她一件礼物,就带她来到世界著名的迪士尼公司经营的一家玩具城,让她自己挑选。但玛利亚·罗塔斯看了半天,竟一件也没有相中。玛利亚·罗塔斯的这一举动,恰好被玩具店的老板唐纳德·斯帕克特发现了。

这位美国著名的玩具商问玛利亚·罗塔斯:"你不喜欢我们的玩具吗?"

"是的。"

"那你喜欢什么样的玩具？"

于是，玛利亚·罗塔斯指着一大溜动物玩具开始数落："这种姿势不好，那种颜色不对，这种看着太笨，那种做得不像……"

唐纳德·斯帕克特听后觉得眼前这个小女孩的见解很独特，便把她领到后面的办公室，把她刚刚指责的玩具一样一样地摆在桌子上，问她应该改成什么样子。

她便叫人找来橡皮泥，按自己的想象一样一样地捏起来……结果让唐纳德·斯帕克特大为折服，立即协商与她签订一项长期合同，破例聘请她为玩具公司的顾问。

后来，迪士尼公司为充分发挥玛利亚·罗塔斯的天赋和悟性，每当世界各地有玩具展销活动时都要带上她，因此她的眼界大开，她对各种玩具提出的意见和见解更加准确，更能切中要害。

唐纳德·斯帕克特在解释他聘请玛利亚·罗塔斯的动机时说："一个人具备的天赋和超凡的悟性不在于她年老或年少，而是在于她对事物提出的见解。我们所有的玩具设计都犯有一个通病，那就是失去了对童心的直接反应能力，目光陈旧，缺乏激情。"

后来，玛利亚·罗塔斯帮忙设计的玩具给公司带来了丰厚的利润。在纽约42街，公司租了三间有电脑、传真机等现代化通信设备的办公室，有两名女秘书和两名男佣鞍前马后地为她服务。

玛利亚·罗塔斯既要在公司工作，又要到学校完成学习，所以她的工作时间每周不超过20个小时。

后来，她的年薪为20万美元，加上她在美国通用电器、迪士尼等大公司的股息，玛利亚·罗塔斯的年收入可达2000万美元。15岁时，她作为世界上最年轻的百万富翁和最年轻的商人而被载入吉尼斯世界纪录大全。

成 长 智 慧

悟性越好的人创造性越强，悟性越好的人理解能力也越强，由此可知，悟性就是我们每个人的深层智慧。我们每个人都有悟性、灵感和才华，重要的是我们应该发现它、珍惜它，它才会为我们的人生绽放光彩。

跳出自己的思维定式，才会走出死胡同

谁能打破常规，谁便占据了解决问题的优势。——狄德罗

著名的心算家阿伯特·卡米洛从来没有失算过。

这一天他做表演时，有人上台给他出了道题："一辆载着283名旅客的火车驶进车站，有87人下车，65人上车；下一站又下去49人，上来112人；再下一站又下去37人，上来96人；再再下一站又下去74人，上来69人；再再再下一站又下去17人，上来23人……"

那人刚说完，心算大师便不屑地答道："小儿科！告诉你，火车上一共还有——"

"不，"那人拦住他说，"我是请您算一算列车一共停了多少站。"阿伯特·卡米洛呆住了。这位天才的心算家思考的只是老生常谈的数字，但这组简单的加减法却成了他的"滑铁卢"。

真正"滑铁卢"的失败者拿破仑也有一个鲜为人知的故事。

拿破仑被流放到圣赫勒拿岛后，他的一位善于谋略的密友通过秘密方式给他捎来一副用象牙和软玉制成的国际象棋。拿破仑爱不释手，从此一个人默默地下起了象棋，打发着寂寞痛苦的时光。象棋被摸光滑了，他的生命也走到了尽头。

拿破仑死后，这副象棋经过多次的转手拍卖。后来一个拥有

者偶然发现，有一枚棋子的底部居然可以打开，里面塞有一张如何逃出圣赫勒拿岛的详细计划！这位天才的军事家想的只是象棋是用来消遣的，却没有想到象棋里暗藏着玄机。

成长智慧

很多时候，我们的失败其实都是败在思维定式上。无数事实证明，伟大的创造、天才的发现，都是从突破思维定式开始的；但如果在自己的思维定式里打转，即使是天才也走不出死胡同。

即使在最危急的时刻,也一定会有办法

理智的人面临危险,会急中生智,可以说,比平时更聪明。

——司汤达

1838年9月6日早晨,在英格兰与苏格兰之间的兰斯顿灯塔里,年轻的女子格雷思被外面尖锐恐惧的呼叫声惊醒了。

外面正狂风大作,暴雨倾盆如注,海浪在怒吼翻滚,一阵凄厉的叫声穿越呼啸的风声与咆哮的波涛声传来,而她的父母却什么也没有听见。

通过望远镜,她看见9个弱小的身影,他们正拼命地抓住一艘失事船只的漂浮木板,而船头却悬挂在半英里之外的岩石上。

"我们对此无能为力。"灯塔的看守人威廉姆·达琳无可奈何地摇摇头说。

"不,一定会有办法的,想想办法吧。我们必须把他们救上来。"女儿含泪苦苦地恳求着父母。

父亲终于动摇了:"好吧,格雷思,我就按你的要求去试一试。但我知道这样有悖常理,不合我的判断。"

随后,一叶小舟如同狂风中飘零的一片羽毛,在汹涌澎湃的大海上颠簸起伏,它穿过疾风骤雨,钻过惊涛骇浪,驶向失事的船只。那些船员们的尖声呼叫将这位羸弱女子的柔弱身躯变成了钢筋铁骨。不知道从哪儿来的一股勇气和力量,这个勇敢的姑娘与父亲一道,奋力地划着桨,在暴风雨中穿行。

最后,9个船员得救了,他们安全地到了船上。

"愿上帝保佑你,亲爱的姑娘。没想到你这么一位如此单薄瘦弱的姑娘,却在惊涛骇浪中救了这么多的人!"一名船员难以置信地看着这位女英雄,不禁脱口称赞道。

后来有人评价说:"格雷思的所作所为,让全英国的人都感到无比光荣;她的英雄气概,让高贵的君王在她面前也黯然失色。"

成长智慧

当处于危急时刻时,多数情形看起来都已无能为力。其实,这只是为逃避找借口而已。无论是别人还是我们自己处于危急时刻时,都不应放弃拯救的机会,因为一定会有办法。最好的办法就是积极思考并行动起来。

尽可能地选择新视角,力争看到事物的新侧面

多角度看问题,就会有额外的收获。——亨利·法约尔

古代有一个国王身有两残:缺一目外加少一腿。

有一次,这个国王心血来潮,让宫廷画师给自己画像。第一位画师是个老实人,他规规矩矩地画出了国王的本来面目——又瞎又瘸。

国王看后不禁怒从心头起,恶向胆边生:"这个可恶的画师竟敢把我画得如此丑陋,真是该杀。"于是这个老实本分的画师被杀掉了。

国王仍不甘心,便又找了第二个画师来给他画像,这个画师知道了前边那个同行的悲惨结局,再也不敢照实描绘国王的缺陷了。他在画布上画了一个双眼明亮两腿矫健的国王,心想这下国王该满意了吧,不曾想国王一见画像大发雷霆,骂道:"你这该死的东西!这难道还是我吗?"结果,第二个画师也没有逃出被杀害的命运。

这下国王的画师们谁都不敢再给国王画像了,没想到有个小画工自告奋勇地说他要给国王画像,这下可把画师们着实地吓了一跳。小画工画啊画啊,终于把国王的肖像画完成了。国王一见画像,紧绷的脸变得柔和起来,最后他笑了,直夸小画工聪明。

原来，这个机灵的小画工既没有像第一个画师那样把国王的缺陷完全表现在画布上，也没有像第二个画师那样不顾实际妄加涂彩。

机灵的小画工是这样画的：国王侧身骑在马上，残缺的那条腿隐在马鞍的后面，他双手举着猎枪，眯着一只眼在瞄准，而这只眼正是那只瞎眼。这样一安排，画面上则是一个英姿勃发骑马打猎的国王，看不出国王的任何缺陷，可谁也不能说他像第二个画师那样改变了国王的本来面目。

那个挑剔的丑陋国王这次毫不吝啬地奖励了那个小画工。

成 长 智 慧

在思维过程中改变看问题的角度，往往会收到意想不到的效果。我们要善于学习变换视角的思考方式，不要让旧框框限制了自己的思维，要尽可能地选择新视角，力争看到事物的新侧面。

从没有办法中想出办法,是一种做事的规则

没办法是因为思考不到位。——夸美纽斯

在二战期间,一艘美国驱逐舰停泊在某国的港湾,那天晚上明月高照,一片宁静。

一名士兵按例巡视全舰时突然停步站立不动,他看到一个乌黑的大东西在不远的水面上浮动着。他惊骇地看出那是一枚触发水雷,可能是从一处雷区脱离出来的,它正随着潮水慢慢向着舰身中央漂来。士兵抓起舰内电话机,通知了值日官,而值日官马上快步跑来,他们也很快地通知了舰长,并且发出全舰戒备讯号,全舰立刻动员了起来。官兵们都愕然地注视着那枚慢慢漂近的水雷,大家都了解眼前的状况,灾难即将来临。

官兵们立刻提出各种办法。他们该起锚走吗?不行,没有足够时间。发动引擎使水雷漂移开?不行,因为螺旋桨转动只会使水雷更快地漂向舰身。以枪炮引发水雷?也不行,因为那枚水雷太接近舰里面的弹药库。那么该怎么办呢?放下一支小艇,用一支长杆把水雷携走?这也不行,因为那是一枚触发水雷,同时也没有时间去拆下水雷的雷管。

悲剧似乎是无可避免了。

有一名水兵一直没有说话,他一直在冷静地思索着。突然,

这名水兵大喊道:"把消防水管拿来。" 大家立刻明白,这个办法的确有道理。他们向舰艇和水雷之间的海上喷水,制造出了一条水流,把水雷带向了远方,然后再用舰炮引炸了水雷。

一场险情就这样被化解了。

成 长 智 慧

有时候我们会身处险境或绝境,这时,就需要动用大脑,从没有办法中想出办法。这不仅是一种处事技巧,更是一种做事的规则。

当山穷水尽时，应该另辟蹊径

世上没有绝路，只有绝望的人。——布莱希特

20世纪二三十年代，美国经济处于大萧条时期，各行各业普遍不景气。在多伦多有个年轻人，是一位画家，这个画家非常善于画木炭画，但受经济的影响，画得再好也卖不出去。

年轻人整天想如何把自己的画卖出去，以靠这笔收入养家糊口。但是，人们连饭都吃不上，谁会有钱去买画呢？更何况，他只不过是个无名小卒。

后来，年轻人明白了，要想靠卖画来养家，只能到富人那里去开拓市场。可问题又来了，他身边没有富人，他也根本不认识有钱人，又怎么跟他们接近呢？

对此他苦思冥想，最后他来到多伦多《环球邮政》报社资料室，从那里借了一本画册，其中有一家银行总裁的正式肖像。他回到家，开始画起来。画完后，他把它放在相框里，装订得端端正正的。画得不错，对此他很自信。

但他怎样才能交给对方呢？他在商界没有朋友，所以想得到引见是不可能的。他也知道，如果贸然与对方约见，肯定会被拒绝。写信要求见对方，但这种信可能连秘书那一关都通不过。这位年轻的画家对人性略知一二，他知道，要想穿过总裁周围的层层阻拦，他必须要抓住对方追求名利的心理，投其所好。

　　他梳好头发，穿上最好的衣服，来到总裁的办公室，并要求与他见面。果然不出所料，秘书拦住了他，告诉他事先如果没有约好，想见总裁是不可能的。

　　"真糟糕，"年轻人说道，同时把画的保护纸揭开，"我只是想拿这个给他瞧瞧。"

　　秘书看了看画，把它接了过去。她犹豫了一会儿后，说道："坐下吧，我就回来。"秘书马上回来了，并对他说："总裁想见你。"

　　当画家进去时，总裁正在欣赏那幅画。"你画得棒极了，"他说，"这张画你想要多少钱？"年轻人舒了一口气，告诉总裁他想要100美元，结果成交了。要知道，当时的100美元，可是一笔不小的数字。

成长智慧

　　当处于山穷水尽时，千万不可气馁，也不可就此驻足不前，而应该另辟蹊径，试着用别的方法，向自己的目标迈进。只有这样，才可以从另一种途径达到自己的目的。

第四章

说话要学会灵活，办事要懂得变通

掌握说话的技巧和练就办事的本领，对于每个人来说都是至关重要的。有些人说起话来头头是道，办起事来顺顺当当，原因何在？因为他们懂得灵活变通。无论是说话还是办事，只要掌握了灵活变通的原则，就会无往不胜。

同一语句或动作，可以做出不同的解释

怎么说话，话怎么说，是门大学问。——培根

从前，有一个算命的道士，对于占卜吉凶、推演因果很有一套。当地的许多人有事的时候，都去他那里求签问卜，算上一卦。

有一次，有三个书生进京赶考路过此地，听说那道士算命非常灵验，便一同前去，他们虔诚地问道士："我们三个此番进京赶考，烦请道长算一算谁能考中？"

那道士眼都没睁，嘴里煞有介事地叨念了一会儿，向他们伸出一个手指，但却只字未说。三个考生莫名其妙，有个考生着急地又问道："我们三人谁能考中？"那道士还是一言不发，依旧伸出一只手指，算是回答。三个考生见道士迟迟不肯开口讲话，以为是天机不可泄露，只好满心疑惑地走了。

三个考生走后，道士身边的小童好奇地问："师傅，他们三人到底有几个得中？"

道士胸有成竹地说："中几个都说到了。"

道童问："你这一个指头是什么意思？是一个中？"

道士说："对。"

道童还是有些不解，又问："要是他们中间有二人中了呢？"

道士答道："那就是有一个不中。"

道童问:"他们三人要是都中了呢?"

道士说:"那就是一齐中。"

道童又问:"要是三人都没考中呢?"

道士说:"这个指头就是一个也没中。"

小道童这才恍然大悟。

成 长 智 慧

在某种特定的情形下,同一语句或动作常常可以表达不同的意思、不同的判断。因此,可以根据当时的某种需要,做出不同的解释。

用含蓄的语言，把意思巧妙地表达出来

一个人的表达方式，最能体现他的学识和修养。——易卜生

巴甫洛夫是俄国杰出的生理学家、心理学家。他32岁才结婚，如同他杰出的研究成果一样，他的求婚方式也别具一格。

1880年的最后一天，巴甫洛夫还在他的生理实验室没回来，许多朋友在他家等他。天下着雪，彼得堡市议会大厦的钟敲了11下。一个同学不耐烦地说："巴甫洛夫真是个怪人。他毕业了，又得过金牌，照理可以挂牌做医生，那样既赚钱又省力。可他为什么要进生理实验室当实验员呢？他应该知道，人生在世，时日不多，应该享享福、寻寻快活才是呀。"

巴甫洛夫的同学里面，有一个教育系的女学生叫赛拉非玛。她听了那个同学的话，站起来说："你不了解他。不错，人的生命是短暂的，但正因为如此，巴甫洛夫才努力地工作。他经常说，在世界上，我们只活一次，所以更应该珍惜光阴，过真实而又有价值的生活。"

夜深了，同学们渐渐散去，赛拉非玛干脆到实验室门口等巴甫洛夫。

钟声响了12下，已经是1881年元旦了，巴甫洛夫才从实验室里走出来。他看到赛拉非玛，很受感动，挽着她的手走在雪地上。

突然,巴甫洛夫按着赛拉非玛的脉搏,高兴地说:"你有一颗健康的心脏,所以脉搏跳得很快。"

赛拉非玛奇怪地问:"你这是什么意思?"

巴甫洛夫回答:"要是心脏不好,就不能做科学家的妻子了。因为一个科学家,他把所有的时间和精力都放在科研工作上,收入又少,又没空兼顾家庭。所以做科学家的妻子,一定要有健康的身体,才能独自料理琐碎的家务。"

赛拉非玛当即会意,她不好意思地说:"你说得很对,我一定会做个好妻子。"

就这样,巴甫洛夫求婚成功了。在这一年,他们结婚了。

成 长 智 慧

在日常生活中,有些话直接说出来会很尴尬,还可能会遭到对方的拒绝。在这种情形下,不妨用含蓄的语言,把意思巧妙、委婉地表达出来。这样不但会显得很幽默,而且往往容易达到目的。

同样的意思换种说法，就会有不同的结果

会说话的人，才是聪明的人。——司汤达

1840年2月，英国维多利亚女王和撒克斯·科巴格·戈萨公爵的儿子阿尔巴特结婚了。

他俩同年出生，又是表亲。虽然阿尔巴特对政治不感兴趣，但在女王潜移默化的影响下，阿尔巴特也渐渐地关心起国事来，他终于成了女王的得力助手。

有一天，两人为一件小事吵嘴，阿尔巴特一气之下跑进卧室，紧闭房门。

女王理事完毕，很是疲惫，急于进房休息，怎奈阿尔巴特余怒未消，故意漫不经心地问："谁？"

"英国女王。"

屋里寂静无声，房门紧闭如初。维多利亚女王耐着性子又敲了敲门。

"谁？"

"维多利亚。"女王威严地说。

房门仍旧未开。维多利亚徘徊半晌，再又敲门。

"谁？"阿尔巴特又问。

"我是您的妻子，阿尔巴特。"女王温柔地答道。

门立刻开了,丈夫双手把她拉了进去。

这次,女王不仅敲开了门,也敲开了丈夫的心扉。

成 长 智 慧

语言是门奇妙的艺术,同样表达一个意思,但换种说法就会有不同的结果,原因在于有些词虽有相同的意思,但所表达的感情色彩不同。所以,在运用语言时,要尽量选择最能表达感情色彩的词来表达意愿。

把本来不幸的事，用含蓄的方式表达出来

别让你的舌头抢先于你的思考。——德谟克里特

在徐佩上学前班的时候，有一天她的母亲和父亲整整坐了一夜，也说了一夜的话，也许是一些话对她并不重要或是因为徐佩太小她也没有记住，但有一句父亲说的话她记住了："你走吧，由我来向佩佩解释。"这意味着母亲要走了。

徐佩的母亲走了好几天了，徐佩每天都在等着爸爸所谓的解释，也许他把他说的话忘了。他仍跟以前一样接送徐佩上学，给徐佩在学前班的家长手册上认真地填写她又学会了哪些新字，又听到了哪些新故事，以及纠正徐佩用左手写字画画的习惯。这些在徐佩的其他同学家里都是由母亲来做的事情，在她家里却一直都是由父亲来做的。每当徐佩的奶奶看到这些，她就唉声叹气地说徐佩的母亲"心早就不在啦"，徐佩的父亲就会用眼神制止她，好像在隐瞒什么，但徐佩并不追问，徐佩相信总有一天父亲会向她解释的。

徐佩母亲的人和心一同不在已经快一个星期了，又是一个晚上，徐佩的父亲合起给徐佩读的故事书，又压了压徐佩本来已经压得很好的被角，好像又要给徐佩讲故事一样的说："你一定听过很多天使的故事。"

徐佩的父亲停了停又继续说:"每一个天使飞到一个地方,发现那里有人冷了,有人饿了,有人在受苦,有人需要她的帮助了,她就会留下来当差,做他们的父母兄弟。如果一切都很好的话,不当差的天使就会放心地飞走,继续去找需要她帮助的人。如果世界上的爸爸妈妈就是天使,是专门飞来照顾孩子的,陪孩子一同好好长大的话,那咱们家里,爸爸一个人就能照顾好佩佩,所以,妈妈才放心地把佩佩留给爸爸,妈妈去了一个叫澳大利亚的地方,就像不当差的天使一样……"

徐佩当时很小,但她听明白了这是怎么一回事,那就是妈妈离开了。

这也是徐佩在以后的生活中,听到过的父母在孩子面前对"离婚"做出的最美好、最阳光灿烂的解释。

成 长 智 慧

在向别人解释一些问题,尤其是像离婚、死亡等问题时,如果直接说出口,往往会伤害到别人。这时,不妨换个说法,把本来不幸的事,用含蓄的方式表达出来,往往会收到很好的效果。

人人都有度量,盛赞之下无怒气

赞扬是一种精明、隐秘和巧妙的奉承,它从不同的方面满足给予赞扬和得到赞扬的人们。——拉罗什夫科

从前,有一个宰相请一个理发师给他理发。理发师给宰相理发时过于紧张,不小心把宰相的眉毛给刮掉了。理发师顿时惊恐万分,深知宰相必然会怪罪下来,他不禁暗暗叫苦。

理发师是个行走江湖的人,深知人的一般心理:盛赞之下无怒气。于是他急中生智,连忙停下剃刀,故意两眼直勾勾地看着宰相的肚皮,仿佛要把宰相的五脏六腑看个透似的。

宰相见他这副模样,感到莫名其妙。他迷惑不解地问道:"你不修面,却光看我的肚皮,这是为什么呢?"

理发师装出一副傻乎乎的样子解释说:"人们常说,'宰相肚里能撑船',我看大人的肚皮并不大,怎么能撑船呢?"宰相一听理发师这么说,哈哈大笑着说:"那是宰相的气量大,对一些小事情,都能容忍,从不计较。"

理发师听到这话,"扑通"一声跪在地上,声泪俱下地说:"小的该死,方才修面时不小心将相爷的眉毛刮掉了。相爷气量大,请千万恕罪。"

宰相一听眉毛给刮掉了,不禁勃然大怒,正要发作,但转念一想：自己刚讲过宰相气量大，怎能为这点小事，给他治罪呢？

于是，宰相便温和地说："算了，你去把笔拿来，把眉毛画上就是了。"

成 长 智 慧

每个人都有一定的度量，都会有宽容之心。但在怒气未消前，度量会被掩埋。当做错事的时候，不妨先用赞誉激活对方的度量，然后再承认自己的错误，就会取得对方的谅解。

人人都喜欢被恭维，但恭维要恰到好处

赞扬，像黄金钻石，只因稀少而有价值。——塞缪尔·约翰逊

在成功学大师戴尔·卡耐基的记忆中，有着一段令他恐惧的历史，那就是他曾做过二流推销员的经历。

如果在那时没有工作，随时就可能被饿死，卡耐基不得不到派克尔德货车专柜，做起了二流推销员，他那时当推销员的成绩并不理想，但他正确使用了恰到好处的恭维术，使他奇迹般地在那个地方待了下来，并生存了下去。

卡耐基对发动机、车油和部件设计之类的机械知识毫无兴趣，因此他无法掌握自己推销产品的性能。

当有顾客走来时，卡耐基立刻走上前向他们推销货车，但说话内容往往连货车边都沾不上，顾客们都觉得他是一个疯子，都奇怪老板怎么会雇用一个疯子来卖货车。

老板这时很气愤地向他走来，吼道："戴尔，你是在卖货车还是在演说？告诉你，明天再卖不出去东西，我会让你滚蛋的！"

卡耐基此刻心中也急了，要知道，他每天的面包费还得从老板那儿出呢。

他立刻说："老板，为了可以吃上面包，我会好好干的。而且你瞧，看天气，明天你的生意会一帆风顺的。"

老板这才消了气,因为他被卡耐基恭维得舒舒服服的。

当然卡耐基为了生存,自然下了番苦功夫。第二天时来运转,他竟卖出了一个汽车引擎。老板觉得卡耐基是个可造之才,因此,解雇他的事再也没有提起过。

成 长 智 慧

人人都喜欢被恭维,这是人的天性,但恭维要恰到好处。成功学大师拿破仑·希尔曾总结道,恭维应做到以下三点:一、不可恭维过多;二、不可不切实际地恭维;三、莫乱恭维。

转移对方的注意力,给对方造成一种假象

危急时刻要采取特别手段。——王阳

很多人看过《尼罗河上的惨案》这部电影,它是根据英国著名侦探小说女作家阿加莎·克里斯蒂的原作改编的。克里斯蒂写过几十本畅销的侦探小说,她的名字几乎家喻户晓。

有一天晚上,克里斯蒂应邀参加一个晚宴,直到深夜两点才结束。回家时,她一个人走在又长又冷清的大街上。突然,从一根电线杆背后,冲出一个高个子男人,他手持一把尖刀,向克里斯蒂扑了过来。

克里斯蒂问:"你想干什么?"

强盗说:"想要你的耳环,把它们摘下来!"

克里斯蒂紧锁着的眉头舒展了,她努力用大衣的衣领掩住自己的项链,同时,用另一只手摘下自己的耳环,一下子把它们扔在地上,气呼呼地说:"拿去吧!现在我可以走了吗?"

强盗见她对耳环毫不在乎,只是试图要保护住那串项链,就说:"把你的项链给我!"

克里斯蒂说:"先生,这副耳环一点也不值钱,给我留下吧。"

强盗说:"别废话,快点!"

克里斯蒂的手颤抖着,她极不情愿地摘下了自己的项链……

强盗一走,她立即拾起了地上的耳环。其实,刚刚她用衣领掩住项链,后来扔下耳环,全是做给强盗看的。她那条项链只值6英镑,而那副金耳环却值980英镑。

成 长 智 慧

身处险境时,抗争和顺从并不是最好的办法,最好的办法是保持冷静,然后运用智慧转移对方的注意力,给对方造成一种假象。这样不但可以减少损失,避免险情加重,还会顺利脱险。

运用暗示的力量，可以影响和控制一个人

心理暗示是一种力量，可以帮我们解决很多问题。——陈安之

英国有个妇女名叫黛安娜，她是个不幸的女人，她接连嫁了两任丈夫，他们都因病去世了。她虽继承了许多遗产，但一个人生活，总觉得很寂寞。

不久前，有个叫查理斯的男人向她求婚，她觉得这人还不错，就嫁给了他。查理斯搬到她的豪华住宅里来。一天下午，黛安娜帮丈夫收拾房间时，意外地发现丈夫抽屉里收藏着一大沓剪报。上面报道了一个名叫马可的罪犯，专门寻找有钱的女人，先和她们结婚，然后设法杀死她们，将钱财据为己有，该凶犯如今越狱在逃。黛安娜读完报上对罪犯外貌特征的描述，顿时头晕目眩。原来，这名罪犯竟是自己的新婚丈夫——查理斯！

正在这时，查理斯手拿铁锹进了院子。她想：恐怕今天晚上，他要杀死我了！她想逃出去，但又怕丈夫怀疑。她就趁他去屋后的时候，给好朋友杰克打了个求救电话。打完电话，她装着若无其事的样子，煮了杯咖啡，没放糖，递给了刚上楼的丈夫。

丈夫喝了几口咖啡说："这咖啡为什么不放糖？这么苦！我不喝了，走吧，我们到地窖里去整理一下。"

黛安娜知道丈夫要杀她了。她明白自己在力量上不是他的对

手,便灵机一动,说:"亲爱的,你等一下,我要向你忏悔!"她在编造故事,想拖延时间,等朋友杰克的到来。

丈夫好奇地问:"你忏悔什么?"

黛安娜低声地说:"我向你隐瞒了两件事。我第一次结婚后,劝我那有钱的丈夫购买了人寿保险,那时,我在一家医院当护士。我假装对他很好,让左邻右舍都知道我是个好妻子。每天晚上,我都亲手为他煮咖啡。有一天晚上,我悄悄地把一种毒药放进咖啡里。不一会儿,他就倒在椅子上,爬不起来了。我就说他暴病而死,得了他 5000 英镑的人寿保险金和他全部的财产。第二次,我又是用咖啡加毒药的方法,毒死了我的第二任丈夫,得

了8000英镑的人寿保险金。现在，你是第三个……"黛安娜说着，指了指桌上的咖啡杯。

查理斯听到这里，脸色吓得惨白，他一边用手拼命地抠自己的喉咙，一边歇斯底里地尖叫道："咖啡，怪不得那么苦，原来……"他边吼叫着，边向黛安娜扑过去。黛安娜一边向后退，一边镇定地说："是的，我在咖啡里下了毒，现在你的毒性已经发作，不过，你喝得不多，还不至于马上死去……"

查理斯受不了这沉重的打击，一下子被吓昏了，就在此时，她的好友杰克带着警察赶到了。

黛安娜给丈夫喝的咖啡并未下毒，但是她的丈夫查理斯听到她放往咖啡里加了毒药以后，一下子就被吓昏了。

黛安娜对付查理斯的方法，在心理学上叫作"暗示"。

成 长 智 慧

暗示是指用含蓄、间接的方法，对别人的心理和行为产生影响。暗示往往使别人无意、不自觉地接受某些信息的影响，并做出相应的反应。暗示所产生的力量有时是十分微妙、异常神奇的，它可以影响和控制别人。

第五章

换个角度看问题，很多事都可以坦然面对

遇到不愉快的事情，换一个角度看问题，很多事都可以坦然面对。其实，生活中本就没有什么事情是值得我们去伤感的。随时丢掉生活中的负面情绪，我们才能轻装上阵，才能活得更好、更轻松。

换个角度思考和行动，就会发现一片新天地

看问题的角度不同，得到的结果也不同。——康德

在"牛仔大王"李维斯的西部发迹史中，曾经有一段传奇经历。

当年他像许多年轻人一样，带着梦想前往西部追赶淘金热潮。

有一天，突然间他发现有一条大河挡住了他西去的路。苦等数日，被阻隔的行人越来越多，但都无法过河。于是陆续有人向上游、下游绕道而行，也有人打道回府，更多的则是怨声一片。而心情慢慢平静下来的李维斯想起了曾有人传授给他的一个"思考制胜"的法宝，是一段话："太棒了，这样的事情竟然发生在我的身上，又给了我一次成长的机会。凡事的发生必有其因果，必有助于我。"于是他来到大河边，非常兴奋地不断重复着对自己说："太棒了，大河居然挡住了我的去路，又给了我一次成长的机会，凡事的发生必有其因果，必有助于我。"果然，他真的有了一个绝妙的创业主意——摆渡。人们都心甘情愿地花钱坐他的渡船过河，他人生的第一笔财富居然因大河挡道而获得。

过了一段时间，摆渡生意开始冷淡，他决定放弃摆渡，并继

续前往西部淘金。来到西部，到处是人，他找到一块合适的空地方，买了工具便开始淘金。没过多久，有几个恶汉围住他，叫他滚开，别侵犯他们的地盘，他刚理论几句，那伙人便失去耐心，对他一顿拳打脚踢，无奈之下，他只好灰溜溜地离开。好不容易才找到另一处合适的地方，没过多久，同样的剧情再次上演，他又被人赶走了。在他刚到西部的那段时间，他多次被欺侮。终于，最后一次被人打完之后，看着那些人扬长而去的背影，他又一次想起他的"制胜法宝"："太棒了，这样的事情竟然发生在我的身上，又给了我一次成长的机会。凡事的发生必有其因果，必有助于我。"他真切地、兴奋地反复对自己说着，终于，他又想出了另一个绝妙的主意——卖水。

在西部，其实并不缺黄金，可自己无力与人争抢。西部缺水，可没什么人能想到用它做生意，不久他卖水的生意便红红火火。慢慢地，也有人参与了他的新生意，再后来，同行的人越来越多。终于有一天，在他旁边卖水的一个壮汉对他发出通牒："小个子，以后你别来卖水了，从明天早上开始，这儿卖水的地盘归我了。"他以为那人是在开玩笑，第二天依旧来了，没想到那家伙立即走上来，不由分说地把他一顿暴打，最后还将他的水车也拆烂了，李维斯不得不再次无奈地接受现实。然而，当那家伙扬长而去时，他却立即调整自己的心态，再次强行让自己兴奋起来，他不断地对自己说："太棒了，这样的事情竟然发生在我的身上，又给了我一次成长的机会。凡事的发生必有其因果，必有助于我。"他开始调整自己关注的焦点。他发现来西部淘金的人，衣服极易磨破，同时又发现西部到处都有废弃的帐篷，于是他又有了一个绝妙的主意——把那些废弃的帐篷收集起来洗干净,然后,他缝成了世界上第一条牛仔裤!

从此,他一发不可收拾,最终成为举世闻名的"牛仔大王"。

成 长 智 慧

如果我们只知道说一些安慰和鼓励自己的话,那就成了不折不扣的阿Q;如果我们把那些话作为我们走出沮丧的激励,转变面对失败时的心态,换个角度思考和行动,我们就会发现一片新天地。

不管发生什么事，都应认为是最好的安排

事情是这样的就不会是那样的，已经发生的结果就是最好的。——曾金

从前有一个国家，地不大，人不多，但是人民过着悠闲快乐的生活，因为他们有一位不喜欢做事的国王和一位不喜欢做官的宰相。

国王没有什么不良嗜好，除了打猎以外，最喜欢与宰相微服私访。宰相除了处理国务以外，就是陪着国王下乡巡视。如果是他一个人的话，他最喜欢研究宇宙人生的真理，他最常挂在嘴边的一句话是"一切都是最好的安排"。

有一次，国王兴高采烈地到大草原上打猎，随从们带着数十条猎犬，声势浩荡。国王的身体保养得非常好，他筋骨结实，而且肌肤泛光，看起来就有一国之君的气度。随从看见国王骑在马上，威风凛凛地追逐一头花豹，都不禁赞叹国王勇猛过人。花豹奋力逃命，国王紧追不舍，一直追到花豹的速度减慢时，国王才从容不迫地弯弓搭箭，瞄准花豹，"嗖"的一声，利箭像闪电似的一眨眼就飞过草原，不偏不倚地钻入花豹的颈子，花豹惨嘶一声，倒在了地上。

国王很开心，他看见花豹躺在地上许久都毫无动静，一时失

去戒心,居然在随从尚未赶到的情况下,就下马检视花豹。谁想到,花豹就是在等待这一瞬间,它使出最后的力气,突然跳起来向国王扑过去。国王一愣,看见花豹张开血盆大口咬过来,他下意识地用手一挡,心想:"完了!"

还好,随从及时赶到,他们立刻发箭射向花豹的咽喉,国王觉得小指一凉,花豹就闷不吭声地跌在地上,这次真的死了。

随从忐忑不安地走上来询问国王是否无恙,国王看看手,小指头被花豹咬掉了小半截,正血流不止,随行的御医立刻上前包扎。虽然伤势不算严重,但国王兴致全无,本来国王还想找人来责骂一番,可是想想这次只怪自己冒失,还能怪谁呢?所以国王闷不吭声,大伙儿就黯然回宫去了。

回宫以后,国王越想越不痛快,就找来宰相借酒消愁。宰相知道这事之后,一边举酒敬国王,一边微笑着说:"大王啊,少了一小块肉总比少了一条命来得好吧!想开一点,一切都是最好的安排!"

国王一听,闷了半天的不快终于找到了宣泄的机会。他对宰相说:"你真是大胆!你真的认为一切都是最好的安排吗?"

宰相发觉国王十分愤怒,却也毫不在意地说:"大王,真的,如果我们能够超越自我一时的得失成败,确确实实,一切都是最好的安排。"

国王说:"如果我把你关进监狱,这也是最好的安排吗?"

宰相微笑着说:"如果是这样,我也深信这是最好的安排。"

国王说:"如果我吩咐侍卫把你拖出去砍了,这也是最好的安排吗?"

宰相依然微笑，仿佛国王在说一件与他毫不相干的事。"如果是这样，我也深信这是最好的安排。"

国王勃然大怒，大手用力一拍，两名侍卫立刻近前，国王说："你们马上把宰相抓出去斩了！"侍卫愣住，一时不知如何是好。国王说："还不快点，等什么？"侍卫如梦初醒，他们上前架起宰相，就往门外走。国王忽然有点后悔，他大叫一声说："慢着，先抓去关起来！"宰相回头对他一笑，说："这也是最好的安排！"

过了一个月，国王养好伤，打算像以前一样和宰相一起微服私访，可是想到是自己命人把他关入监狱的，一时他也放不下身段释放宰相，他只好叹了口气，独自出游了。

走着走着，来到一处偏远的山林，忽然从山上冲下一队脸上涂着油彩的蛮人，他们三两下就把国王五花大绑带回了山上。国王突然想起今天正是满月，这一带有一支原始部落，每逢月圆之日就会下山寻找祭祀满月女神的祭品。他哀叹一声，这下子真的是没救了。其实他心里却很想跟蛮人说："我乃这里的国王，放了我，我就赏赐你们金山银海！"可是他的嘴巴被破布塞住了，连话都说不出口。

当他被带到柴火正熊熊燃烧的大锅炉前时，更是被吓得脸色惨白。大祭司现身，当众脱光了国王的衣服，露出他的细皮嫩肉，大祭司啧啧称奇，想不到现在还能找到这么完美无瑕的祭品。

原来，今天要祭祀的满月女神，正是"完美"的象征，所以，祭祀的牲品丑一点、黑一点、矮一点都没有关系，就是不能残缺。就在这时，大祭司突然发现国王的左手小指少了小半截，他忍不住咬牙切齿地咒骂了半天，只好忍痛下令说："把这个废物赶走，另外再找一个！"脱险的国王欣喜若狂，他立刻飞奔回宫，叫人释放了宰相，他在御花园设宴，为自己保住一命，也为宰相重获自由而庆祝。

国王向宰相敬酒说："宰相，你说的真是一点也不错，果然，一切都是最好的安排！如果不是被花豹咬一口，今天连命都没了。"

宰相回敬国王，微笑着说："贺喜大王对人生的体验又更上一层楼了。"过了一会儿，国王忽然问宰相说："我侥幸逃过一劫，固然'一切都是最好的安排'，可是你无缘无故在监狱里蹲了一个月，这又怎么说呢？"

宰相慢条斯理地喝下一口酒，才说："大王，您将我关在监狱里，确实也是最好的安排！您想想看，如果我不是在监狱里，那么陪同您微服私访的人，不是我还会有谁呢？等到蛮人发现国王不适合拿来祭祀满月女神时，谁会被丢进大锅炉中烹煮呢？不是我还会有谁呢？所以，我要为大王将我关进监狱而向您敬酒，您也救了我一命啊！"

成长智慧

人的一生中有高潮也有低谷，有得也会有失，甚至有时候不幸都会变成万幸。在对待得失、成败、幸和不幸的问题上，我们要有一种豁达的态度，不管发生什么事，都应该认为一切都是最好的安排。这样，在挫折和不幸面前，我们才能坦然面对。

既然事情已经发生了，就要学会坦然地接受

对于发生过的事情，除了接受别无选择。——裴多菲

从前，有一对很贫困的老夫妇，他们想把家中唯一值钱的一匹马拉到市场上去换点有用的东西。

于是，老头子便牵着马赶集去了。他先用马与人换了一头母牛，又用母牛换了一只羊，再用羊换来一只肥鹅，又把鹅换成了母鸡，最后用母鸡换了别人的一口袋烂苹果。

在每次交换中，他都想给老伴一个惊喜。

当他扛着大袋子来到一家小酒店歇息时，遇上两个富人。

在闲聊中，他谈了自己赶集的经过，两个富人听后哈哈大笑，说他回去准得挨老婆子一顿骂或一顿揍。老头子坚称绝对不会，两个富人就用一袋金币打赌。于是，三个人一起回到老头子家中。

老太婆见老头子回来了，非常高兴，她兴奋地听老头子讲赶集的经过。每当老头子讲到用一种东西换了另一种东西时，她都充满了对老头子的钦佩。

老太婆嘴里不时地说着：

"哦，我们有牛奶了！"

"哦，羊奶也同样好喝！"

"哦，鹅毛多漂亮！"

"哦,我们有鸡蛋吃了!"

最后听到老头子背回一袋已经开始腐烂的苹果时,老太婆同样不愠不火,她大声地说:"我们今晚就可以吃到苹果馅饼了。"

结果,两个富人输掉了一袋金币。

私下里,有一个富人问老太婆:"你为什么不责怪他?"

老太婆答道:"事情已经这样了,责备也于事无补,倒不如坦然地接受。"

成 长 智 慧

既然事情已经发生了,与其抱怨,倒不如坦然地接受,因为抱怨也已于事无补。无论在何时,用积极的心态拥抱生活,才会少些争执,才会生活得更快乐。

看似不幸的背后，往往隐藏着幸运

幸运并非没有许多的恐惧与烦恼，厄运也并非没有许多的安慰与希望。——培根

南宋时七月的一天，杭州最繁华的街市失火，数以百计的房屋商铺被大火所吞没，顷刻间化为灰烬。一位姓裴的富商，苦心经营了大半生的几间当铺和珠宝店也被大火所包围，眼看大半辈子的心血即将毁于一旦，但他却没有让伙计和奴仆冲进火海帮他抢救珠宝财物，而是不慌不忙地指挥大家撤离，一副听天由命的样子。

事后，裴先生不动声色地派人大量收购木材、毛竹、砖瓦、石灰等建筑材料。不久，朝廷下令重建杭州城，因建筑材料短缺，凡经营销售建筑材料者一律免税。杭州城里一时大兴土木，建筑材料供不应求，价格陡涨，因此裴先生经营建材所得盈利远远大于被火灾焚毁的财产。原本是一场可能导致破产的大火灾，却变成了积累财富的一个契机。

无独有偶，在美国亚拉巴马州的一个公共广场上，矗立着一座高大的纪念碑。碑身正面有这样一行金色大字：深深感谢象鼻虫在繁荣经济方面所做的贡献。虫子怎么会带来经济繁荣呢？这要从一场灾难说起。

亚拉巴马州原本是美国种植棉花的基地，1910年，一场特大象鼻虫灾害狂潮般地席卷了亚拉巴马州的棉花田。象鼻虫所到之处，棉花毁于一旦，棉农们欲哭无泪。灾后，世世代代种棉花的亚拉巴马人，认识到仅仅种棉花是不行的，于是，他们开始在棉花田里套种玉米、大豆、烟叶等作物。尽管棉花田里还有象鼻虫，但此时虫子的数量锐减，根本不足为患，少量的农药就足以消灭它们了。

结果，种植多种作物的经济效益比单纯种棉花的经济效益要高出4倍，亚拉巴马州的经济从此走向繁荣。亚拉巴马人认为经济的繁荣应该归功于那场象鼻虫灾害，遂决定在当初象鼻虫灾害的始发地建立一座纪念碑。

成长智慧

在不幸来临时，不要惊慌失措，不要悲伤，要保持冷静，因为看似不幸的背后，往往隐藏着幸运。不幸是可以转化的，在不幸面前，只要学会了转化不幸的方法，就会开创出一个新的局面。

选择不同的定位,就会有不同的人生

了解自己,给自己定好位,你就不会迷茫。——迈克·迪塔卡

公元前250年,李斯还只是楚国上蔡郡看守粮仓的小文书,他的工作就是负责登记仓内粮食的进出。他的工作虽然谈不上重要,但也衣食无忧,日子也就这么一天一天地过着。

改变李斯命运的是一件极其平常的小事。一天他内急进厕所,不料却惊动了厕所内的一只老鼠。这只惊慌失措的老鼠瘦小干枯,

探头缩爪，且毛色灰暗，身上又脏又臭，令人恶心。李斯看着这只老鼠，不由想起自己管理的粮仓中的老鼠，它们各个脑满肠肥，皮毛油亮，整日在仓中大快朵颐，逍遥自在。与眼前厕所中的这只老鼠相比，真是天上地下！

"人生如鼠啊！不在仓，就在厕。"李斯不禁长叹一声，想着自己已经在小小的上蔡郡粮仓做了8年的文书，从未出去看过外面的世界，就好比生活在厕所中的老鼠一样，不知道还有粮仓这样的天堂。他告诉自己：一辈子能否荣华富贵，全看自己是否找到了适合自己的位置。

李斯决定换个活法，第二天他就离开了这个小城，去投奔一代儒学大师荀况，开始了寻找"粮仓"之路。30多年后，他成了秦始皇的丞相……

成 长 智 慧

每个人都拥有选择的权利，我们应该选择一个自己喜欢的，同时又可以为自己带来最大收益的行业。学会使用选择的力量，给自己一个定位，你就会发现，人生正在慢慢地向这个定位改变着。

只要仔细观察分析，就不难找出事物间的联系

任何事物都难逃高明的观察者的眼睛。——惠蒂尔

一个阿拉伯人在北非沙漠里失去了骑骆驼的同伴，找了一整天也没有找到，晚上他遇到了一个贝都英人。阿拉伯人开始向他打听失踪的同伴和他的骆驼。

"你的同伴不仅是胖子而且是跛子，对吗？"贝都英人问，"他手里是不是拿一根棍子？他的骆驼只有一只眼，驮着枣子，是吗？"

阿拉伯人高兴地回答说："对,对！这是我的同伴和他的骆驼。你是什么时候看见他们的？他们往哪个方向走了？"

贝都英人说："我没看见他们。从昨天起，除了你，我一个人也没看见过。"

阿拉伯人生气地说："你刚才详细地说出了我的同伴和骆驼的样子，现在却说没有见到过，这不是在欺骗我吗？"

"我没骗你，我确实没看见过他们。不过，我还知道，他们在这棵棕榈树下休息了很长时间，然后向叙利亚方向走去了。这一切发生在3个小时前。"

"你既然没看见他们，那么这一切你又是怎么知道的呢？"

"我确实没看见过他们。我是从他们的脚印里看出来的。"

贝都英人拉着阿拉伯人的手,走到沙漠上,指着脚印说:"你看,这是人的脚印,这是骆驼的脚印,这是棍子的印子。你看人的脚印,左脚印比右脚印大和深,这不是说明,走过这里的人是个跛子吗?现在再比一比他和我的脚印,你会发现,那个人的脚印比我的深,这不是表明他比我胖吗?你看,骆驼只吃它身体右边的草,这就说明,骆驼只有一只眼,它只看到路的一边。你看,这些蚂蚁都聚在一起。难道你没看清它们都在吮吸枣汁吗?"

阿拉伯人问:"那么你是怎么确定他们在3个小时以前离开这里的呢?"

贝都英人说:"你看棕榈树的影子,在这大热天,你总不会认为一个人不要凉快而坐在太阳光下吧!所以可以肯定,你的同伴是在树荫下休息的。可以推算出:阴影从他躺下的地方移动到现在我们看到的地方,需要3小时左右。"

后来阿拉伯人找到了他的同伴,事实证明贝都英人说的一切都是正确的。

成 长 智 慧

任何事物都不是孤立存在的,都与其周围的事物存在着千丝万缕的联系。当然,在所有的联系中,有些是直接浅显的,而有些却是深奥隐晦的。但无论如何,只要我们善于开动脑筋,仔细观察分析,都能找出其中的联系,并顺利地解决问题。

遇到不好的事情时,要往积极的方面想

一切的和谐与平衡,健康与健美,成功与幸福,都是由乐观与希望的向上心理产生与造成的。——华盛顿

从前,有一个文采出众的姓年的书生,逢着大比之年,与一同窗好友一起进京赶考。

临行前夜,书生一连做了三个梦,天明醒来他对妻子说:"我夜里做了三个奇怪的梦,不知是凶还是吉?"

妻子说:"什么梦?说出来我给你圆一圆。"

书生说:"头一个梦,我梦见房上长着一棵白菜。"

妻子吃惊道:"哎呀!那房上一无土二无水,白菜长在上面不是要干死吗?那多半预兆着你凶多吉少。"

书生吓得头冒冷汗,浑身冰凉。

妻子又问:"第二个梦呢?"

书生红着脸说:"第二个梦,我梦见抬着轿娶小姨子。"

妻子说:"天哪,世间娶小姨子的都是姐姐死了妹妹续嫁,想来我也活不长了。你快再说说第三个梦吧!"

书生越发吓得牙齿打战,浑身发抖,他停了好半天,才有气无力地继续说:"第三个梦,我梦见咱院里放着两口棺材,棺材还摞着棺材。"

"哎呀！第一个梦应着你死，第二个梦应着我死，第三个梦梦见咱院放着两口棺材，一口是你的，一口是我的。"妻子把梦这么一圆，书生被吓得直冒冷汗。

正巧这时，书生的朋友谢仙来叫书生一同去赶考，进门见书生还没起床。一问，知道他做了三个噩梦，就说："小弟我读过圆梦书，通晓圆梦术，你说出来我再给你圆圆看。"

书生说："头一个梦，我梦见房上长着一棵白菜。"

谢仙说："好梦！房上长白菜那是高于一切，应着年兄赶考必定文压群英，独占鳌头。"

书生听了，半信半疑地问："那房上无水，白菜不会干死？"

谢仙说："房上无水有天水呀！天水滋润，正应着成事在天，这预兆着你进京赶考还能得到老天保佑呢！"

书生一听，顿时有了点精神。他接着又说："第二个梦，我梦见抬着轿娶小姨子。"

"好梦！好梦！"朋友说，"梦见娶小姨子那是亲上加亲。岂不闻'洞房花烛夜，金榜题名时'吗？梦见洞房花烛，正预兆着你金榜题名，这次进京赶考，年兄必中金榜了。"

书生一听，"腾"地坐起身来就穿衣服。

当谢仙听说第三个梦境时，他连声叫好："好梦！好梦！棺上摞棺那是'官上加官'啊！年兄这次赶考，不但高中，而且加官，快快随我进京赶考去吧。"

一席话说得书生身轻体健，精神焕发，他马上和谢仙一同进京赶考去了。

到了京城，书生果然高中了。

眼望金榜,书生不由地感谢谢仙说:"要不是贤弟圆梦圆得好,几乎被愚妻误了我的前程。"

谢仙大笑说:"我哪里读过什么圆梦书,通晓什么圆梦术?我见年兄因梦得病,疑虑重重,这是心病啊!俗话说,'心病还需心药医',所以故意牵强附会,与你说些吉利的话,无非想使你精神振作,哪里真有什么灵验兆应!况且乱梦颠倒,梦幻虚景,怎么与人事有关呢?"

成 长 智 慧

对于同一件事情,通常会有不同的说法,不同的说法当然就会产生不一样的效果。不管是哪一种说法,都会对一个人有一些影响:积极的说法会对一个人产生积极的影响,而消极的说法也会对一个人产生消极的影响。

先给对方留足面子，再委婉地表明自己的观点

你尊重对方，对方就会对你产生好感。——王阳

克洛里是纽约泰勒木材公司的一名推销员。他承认，多少年来，他总是能明确地指出那些木材检验人员的错误，他也赢得了辩论，可是一点好处也没有。"因为那些检验员像裁判一样，一旦裁决下去，绝不肯更改。"

克洛里看出，他虽在口舌上获胜，却使公司损失了成千上万的金钱。他决定改变技巧，不再抬杠了。

下面是他自述的经历：

有一天早晨，我办公室的电话响了。一名焦躁愤怒的主顾，在电话那头抱怨我们运去的一车木材完全不符合他们的。他的公司已经下令车子停止卸货，请我们立刻安排把木材搬回。在木材卸下四分之一车之后，他们的木材检验员报告说，55%不合规格。在这种情况下，他们拒绝接受。

我立刻动身到对方的工厂去，途中，我一直在寻找一个解决问题的最佳办法。通常，在那种情形下，我会以我的工作经验和知识，引用木材等级规则，来说服检验员，那批木材超出了水准。然而，我又想，还是把课堂上学到的做人处世原则运用一番再看看结果。

我到工厂后，发现购料主任和检验员都闷闷不乐，一副等着抬扛吵架的架势。

我走近卸货的卡车，要求他们继续卸货，让我看看情形如何，我请检验员继续把不合规格的木材挑出来，把合格的放到一堆。

看着他进行了一会儿，我才知道，原来他的检验太严格，而且也把检验规则弄错了。那批木材是白松，虽然我知道那位检验员对硬木的知识很丰富，但检验白松却不够格，经验也不够多。白松碰巧我是最内行的，但我对检验员评定白松等级的方式提出反对意见吗？绝对没有。我继续观看，慢慢地开始问他某些木料不合标准的理由何在。我一点也没有暗示他检查错了。我强调，我请教，只是希望以后送货时，能切实满足他们公司的要求。

我以一种非常友好而合作的语气向他请教，并且坚持要他把不满意的部分挑出来，这使他高兴起来，于是我们之间剑拔弩张的情绪开始松弛消散了。偶尔我小心地提几句，让他自己觉得有些不能接受的木料可能是合乎规格的，也使他觉得他给出的价格只能要求这种货色。但是，我非常小心，不让他认为我有意为难他。

渐渐地，他的整个态度改观了。最后他坦白承认，他对白松木的检验经验不足。我就对他解释为什么那些松板都合乎检验规格，而且仍然坚持，如果他还认为不合规格，我不会强求他收下。他终于到了每挑出一块不合规格的木材，就有罪恶感的地步。最后他看出，错误在于他们没有指明自己所需要的是多好的等级。

最后的结果是，在我走了之后，他重新把卸下的木料检验了一遍，并全部接受，于是我收到了一张全额支票。

单以这件事来说，运用一点小技巧，以及尽量遏制自己指出别人的错误，就可以使我们公司在实质上减少一大笔现金的损失，而我们所获得的良好关系，则是金钱所不能衡量的。

成 长 智 慧

很多自以为是的人往往不愿轻易认错，更不愿在众人面前被人指正。因此，我们要尽量遏制自己不去指出别人的错误，并虚心地接受对方的观点，以营造和谐的交流气氛。然后再以委婉的方式让对方明白，你是在给他留面子，他自然会主动承认自己的错误或不足。

对方成为什么样的人，这和我们的态度有关

名人名言

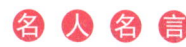

尽量认可别人，尽量对别人好，这对大家都好。——果戈理

若干年前，罗伯特博士在哈佛大学主持一项为期六周的老鼠通过迷阵吃干酪的实验。实验的对象是三组学生与三组老鼠。

他对第一组学生说：“你们太幸运了，因为你们将跟一大群

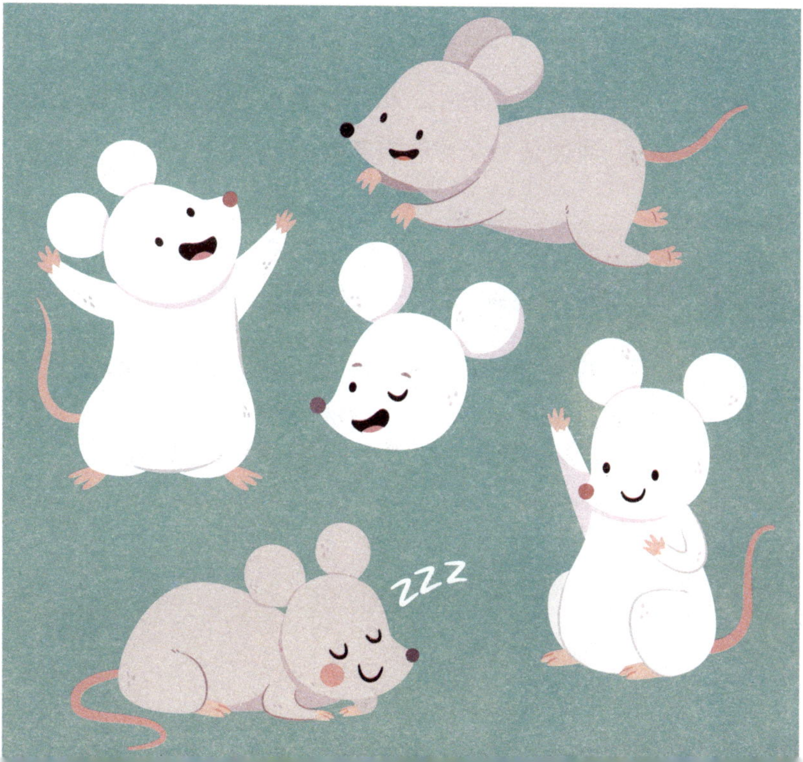

天才老鼠在一起。这群老鼠非常聪明，它们将迅速通过迷阵抵达终点，然后吃许多干酪，所以你们必须多买一些干酪放在终点喂它们。"

他对第二组学生说："你们将和一群普通的老鼠在一起。这群老鼠虽不太聪明，也不太愚笨，它们最后还是会通过迷阵抵达终点，然后吃一些干酪。只是因为它们的智能平平，所以不要对它们期望太高。"

他对第三组学生说："很抱歉！你们将跟一群愚笨的老鼠在一起。这群老鼠笨极了。因此它们的表现会很差，如果它们能通过迷阵到达终点，那是意外，所以，你们根本不用准备干酪。"

六个星期之后，实验结果出来了。天才老鼠迅速地通过迷阵，很快就抵达了终点；普通老鼠也到达了终点，不过速度很慢。至于愚笨的老鼠，只有一只通过迷阵，找到了终点。

有趣的是，在这项实验中，根本没有所谓的天才老鼠与愚笨老鼠之分，它们通通是一窝普通的老鼠。

成长智慧

我们对一个人的态度能产生神奇的力量。很多时候，我们以什么样的态度对待对方，对方就能成为一个什么样的人。每个人对人生、事业和工作都要有一个端正的态度，这态度将决定一个人是一个天才，还是一个笨蛋。

第六章

人世间最珍贵的东西，就是现在能把握的幸福

世间最珍贵的东西，就是现在能把握的幸福。得不到的东西永远也不属于你，根本谈不上珍贵不珍贵。而你把握住了现在的幸福，即便将来会失去它，也不会留下什么遗憾。

快乐不是玩物,而是丰富的人生体验

所谓"内心的快乐",是一个人过着健全的、正常的、和谐的生活所感到的快乐。——罗曼·罗兰

一天早上,一位母亲把三个未成年的儿子叫到身边,分别给他们每人1元钱,希望这些钱能够帮助他们过得快乐,母亲还要求孩子们,在天黑以前都必须讲讲自己的快乐故事。三个儿子答应了,各自去寻找快乐。

不一会儿,大儿子捧着两只蝈蝈回来了,每只蝈蝈都待在用竹篾编成的小篓子里,清脆地叫着。妈妈问:"怎么这么快就回来了?讲讲你的快乐吧。"大儿子说:"我一出门,看到一个乡下人在卖蝈蝈,5毛钱一只,我用1元钱买了两只。听蝈蝈唱歌蛮有趣味的。"母亲点点头。

大儿子刚说完,二儿子也回来了,他两手端着一只小瓷皿。按照约定,他给妈妈讲述道:"我往集市那边走,看到有一群人逗蟋蟀,我就围着观看。最后一只蟋蟀把其他的蟋蟀都打败了。我好说歹说才从摊主手里买下它来。"说着他掀开盖,让大家瞧。果然这只蟋蟀神采飞扬,活蹦乱跳的样子着实惹人喜爱。妈妈看了也很满意,点头微笑。

临近中午,大儿子听蝈蝈叫的兴致渐渐衰退,二儿子逗蟋蟀也觉得乏味了，可小儿子还没有回来。日薄西山了，还是不见他的踪影。当夜幕降临、万家灯火的时候，他才气喘吁吁地走进家门。他满脸的汗水，浑身的污垢，简直成了一个泥人。

"怎么会如此狼狈？我的孩子。"母亲关切地问。

"嗨，这一整天简直是倒霉透了。"小儿子便对母亲诉说他的遭遇，"我用您给我的钱租了一根鱼竿，买了一些鱼饵，要去郊外的湖边钓鱼……"

"我记得你不会钓鱼呀？"母亲说。

"是的，我不会。所以我想利用这个机会学会钓鱼。"

"学会了吗？"

"没有。我拴好鱼饵，下好竿，可我总是把握不准起竿的时机，不是早了就是晚了。好几次，我挑起竿一看，鱼饵都被吃光了，该死的鱼却逃跑了。最后一次我把鱼饵全部放上去，要钓一只大鱼。这下子倒真的钓着一只大鱼，可惜我拽不动，结果我被拉下了水，大鱼把鱼竿也拖到湖中央去了。"说到这里的时候，两个哥哥都哈哈大笑起来。

"鱼竿可是租的，你怎么办了？"

"是呀，我打算下水捉鱼。弄几条大鱼给鱼竿主人，他或许一高兴，就不叫我赔钱了。"

"捉住了吗？"

"摸着不少，可一条也没有捉住。那些鱼都很油滑，刚触到鳞片，它们就溜掉了。"

"我猜想，你肯定在浅水里摔过很多跟头。"

"可不，一尺多长的大鱼在水面掀起浪花，很有冲劲呢。我有好几次都被它们掀倒了。"

"给我讲讲你跟鱼竿主人交涉的情况吧。"

"我跟他一五一十地说了，请他原谅。可他最后还是让我做了四个钟头的小工，才算了结。"

"人家还是优惠你了呢。"这时候，母亲也忍俊不禁了。

"是这样的，他说再遇到这种情况，就不仅仅是扫地、倒垃圾、整理货架，还要……"

"肯定是这样，这很公平。不过现在让我关心一下你们兄弟的快乐故事吧——哥哥们用钱去买快乐，但你们买到的是玩物，不是快乐，你们几乎没有什么过程可以回味；弟弟虽然一无所获，但快乐的过程却回味隽永。孩子们记住：快乐是不能购买的，快乐不是玩物，而是丰富的人生体验。"

成长智慧

很多人以为挣钱是最快乐的，因为有了钱就可以换来快乐。其实错了，我们可以看到，很多有钱的人并不快乐，快乐是金钱买不到的。在人生中，还有比挣钱更快乐的事情，那就是去经历、去感受丰富的人生。

不要放过闲暇的时光,它同样有黄金般的价值

> 时间最不偏私,给任何人都是二十四小时。时间也最偏私,给任何人都不是二十四小时。——赫胥黎

美国第 18 任副总统亨利·威尔逊出生在一个贫苦的家庭,当他还在摇篮里牙牙学语的时候,贫穷就已经向他露出了狰狞的面孔。威尔逊 10 岁的时候就离开了家,在外面当了 11 年的学徒工,每年只能接受一个月的学校教育。

经过 11 年的艰辛工作,他终于得到了一头牛和六只绵羊作为报酬,他把它们换成了 84 美元。他知道钱来得艰难,所以绝不浪费,他从来没有在娱乐上花过一美元,每个美分都是精打细算的。

在他 21 岁之前,他已经设法读了 1000 多本好书。这对一个农场里的孩子来说,是件不容易的事。在离开农场之后,他徒步到 100 英里之外的马萨诸塞州的内蒂克学习皮匠手艺。他风尘仆仆地经过波士顿,在那里他可以看见邦克希尔纪念碑和其他历史名胜。整个旅行他只花费了 1 美元 6 美分。

在他度过了 21 岁生日后的第一个月,他就带着一队人马进入了人迹罕至的大森林,他们在那里采伐圆木。威尔逊每天都是在天际的第一抹曙光出现之前起床,然后就一直辛勤地工作到星

星出来为止。在一个月夜以继日的辛劳努力之后,他获得了6美元的报酬。

在这样的穷途困境中,威尔逊下定决心,不让任何一个发展自我、提升自我的机会溜走。很少有人能像他一样深刻地理解闲暇时光的价值。他像抓住黄金一样紧紧地抓住了零星的时间,不让一分一秒无所作为地从指缝间白白溜走。

22年之后,他在政界脱颖而出,进入了国会,开始了他的政治生涯。

成 长 智 慧

时间就像金钱,它也可以一分一秒地被积攒起来。不管时间是长还是短,我们都应该善加利用,就算是我们生活中的一点闲暇时光也要充分地利用起来,不要让任何一个可以发展自我的机会从身边溜走。

从某种意义上说,我们都是自己最大的偷盗者

看守住你的时间、健康、快乐,别被自己偷走了! ——雪莱

公元 1887 年,一个年纪 60 多岁外表高贵的绅士来到杂货店购买水仙花。他取出一张 20 美元的纸钞票,等着找钱。店员接下钱后,就放在现金柜中准备找钱,可是她的手因整理水仙花而弄得湿湿的,她注意到纸钞上掉色的墨水沾在了手上。

她感到震惊,并且停下来考虑到底怎么办才好。她内心里斗争了一阵,就做了决定。这位顾客是爱曼纽·宁格,一位老朋友、邻居和顾客,他必定不会给她一张伪钞,所以她就找钱让他离开了。

1887 年,20 美元是一笔大数目。她就把钱拿去给警方鉴定。有一名警察很肯定这并非伪钞,其他的警察则对墨水为什么会被擦掉感到困惑。在好奇心和责任感的驱使下,他们搜查了宁格先生的家,在他的阁楼里发现了印制 20 美元的设备。事实上,他们发现了一张正在印制的 20 元美钞,还发现了宁格先生画的三张肖像画。宁格先生是一位很优秀的艺术家,他的造诣颇深,能用手绘制那些 20 元美钞,他一笔一画,鬼斧神工地画出这种能骗过每个人的伪钞画,直到他运气不好,才被那名杂货店员的湿手所识破。

被捕后,他的那三张肖像画公开拍卖时得款 16000 美元。讽刺的是,宁格先生用来画一张 20 元美钞所花费的时间,跟画一张价值 5000 多美元的肖像画所需的时间几乎是相同的。然而不管怎么说,这个聪明而又有天赋的人却是一个小偷。可悲的是,被偷得最厉害的人正是宁格先生本人。

再来看下面的这个故事。

贝利是一个不同寻常的小偷,他不仅是当时闻名国际的珠宝大盗,也是艺术品鉴定专家。能被这位"绅士大盗"光顾的,一定是社会上有身份地位的人,这使得警方十分难堪。

有一天晚上,贝利又去偷窃时,被击中三枪而被捕,并且被判了 18 年徒刑。他被释放后,再也不曾犯案,定居在一个小镇上,

过着普通人的生活。

珠宝大盗贝利还在人世的消息不胫而走,结果全国各地的记者纷纷涌到这个小镇来采访他。他们问他各种问题,最后一个记者抓住一个要点问了一个有趣的问题。

"贝利先生,"他问道,"你在当小偷的岁月中,偷了许多有钱的人家,但我想知道,你偷的最多的究竟是谁?"

贝利不假思索地说:"那很容易,被我偷了最多东西的人就是我自己。我也许能成为一个最成功的商人,华尔街的大亨,或是对社会很有贡献的一分子。但是我却选择了小偷的生活,而且把我成年生活中的三分之二的时间消耗在了监狱中。"

贝利正是一个向自己偷东西的小偷。

成长智慧

有这样一个人,他会偷走我们的时间,偷走我们的健康,偷走我们的快乐……知道这个人是谁吗?这个人就是我们自己。因为我们浪费了很多时间,因为我们不珍惜自己的健康,因为我们让自己变得不快乐……从某种意义上说,我们都是自己最大的偷盗者。

你不努力,谁也给不了你想要的生活

把快乐的钥匙,掌握在自己手中

别让别人决定你的快乐,否则你不会得到真正的快乐。——梅里美

著名专栏作家哈理斯和朋友在报摊上买报纸,那位朋友礼貌地对摊主说了声"谢谢",但摊主却冷口冷脸,没发一言。

"这家伙态度很差,是不是?"他们继续前行时,哈里斯问道。

"他每天晚上都是这样的。"朋友说。

"那么你为什么还是对他那么客气?"哈理斯问他。

朋友答道:"为什么我要让他决定我的行为?"

一名女士抱怨道:"我活得很不快乐,因为先生常出差不在家。"——她把快乐的钥匙放在先生手里。

一位妈妈说:"我的孩子不听话,叫我很生气!"——她把快乐的钥匙交在孩子手里。

男人可能说:"上司不赏识我,所以我情绪低落。"——他把快乐的钥匙塞在了老板手里。

婆婆说:"我的媳妇不孝顺,我真命苦!"

年轻人从文具店里走出来说:"那位老板服务态度恶劣,把我气炸了!"

……

每人心中都有一把"快乐的钥匙",但我们却常在不知不觉中把它交给别人掌管。

成 长 智 慧

自己的心情要自己控制,自己那把快乐的钥匙也要掌握在自己的手中。如果一个人能握住自己快乐的钥匙,他就不会期待别人能使他快乐,反而能把快乐和幸福带给别人;如果一个人不能握住自己的快乐,就无法掌控自己,只能可怜地任烦恼摆布。

要努力工作，也要享受生活的乐趣

生活得最有意义的人，并不就是年岁活得最长的人，而是对生活最有感受的人。——卢梭

一名富商，年纪轻轻就得了重病，即将离开人世。他思来想去也不知应该把自己毕生的遗产留给哪个儿子。临终前，他见窗外的市民广场上有一群孩子正在捉蜻蜓，就对四个未成年的儿子说："你们到那儿给我捉几只蜻蜓来，我有许多年没见过蜻蜓了。"四个孩子飞速下楼，来到了广场。

不一会儿，大儿子就带了一只蜻蜓上来。富商问："怎么这么快就捉到了一只？"大儿子说："我是用你刚才送给我的那辆遥控赛车换的。"

又过了一会儿，二儿子也上来了，他带来了两只蜻蜓。二儿子说："我把遥控赛车租给了一位想玩赛车的小朋友，他给了我3元钱，我只用2元钱就向另一位有蜻蜓的小朋友租来了2只。爸，你看这是那多出来的1元钱。"富商微笑着点点头。

不久，老三也上来了，他带来了10只蜻蜓。三儿子说："我看到广场上有很多小朋友都有蜻蜓，就把遥控赛车举起来，问：'谁想玩赛车？想玩的只需交1只蜻蜓就可以了。'爸，要不是怕您急，我至少可以收18只蜻蜓。"富商拍了拍三儿子的头。

最后上来的是老四。他满头大汗，两手空空，衣服上沾满了尘土。富商问："孩子，你怎么搞的？"四儿子说："我捉了半天，也没捉到一只，就在地上玩赛车，要不是见哥哥们都上来了，说不定我的赛车能撞上一只落在地上的蜻蜓。"富商笑了，把四儿子搂在了怀里。

不久，富商死了，他把自己大部分的财产留给了最小的儿子。

他的孩子们每人都得到了一张小纸条，上面写着：孩子，我并不需要蜻蜓，我需要的是你们捉蜻蜓的乐趣。

成长智慧

生命只是一个过程，工作、学习、娱乐都是其中的组成部分。如果我们在年轻时拼命赚钱，到年纪大时再来享受生活，那么我们年轻时的生活将会是单调、乏味、无聊的。我们在工作赚钱的同时，切不可忘了生活的乐趣。

对别人要有信心，对自己更要有信心

有信心的人，可以化渺小为伟大，化平庸为神奇。——萧伯纳

有一个年轻人，好不容易找到一份销售工作，他勤勤恳恳地干了大半年，非但毫无起色，反而在几个大项目上接连失败。而他的同事个个都干出了成绩。他实在忍受不了这种痛苦。

在总经理办公室，他惭愧地说："可能我不适合这份工作。"

"安心工作吧，我会给你足够的时间，直到你成功为止。到那时，你再要走我不留你。"

老总的宽容让年轻人很感动。他想，总应该做出一两件像样的事后再走。于是，他在后来的工作中多了一些冷静和思考。

过了一年，年轻人又走进了老总的办公室。不过，这一次他是轻松的，他已经连续七个月在公司销售排行榜中高居榜首，成了当之无愧的业务骨干。原来，这份工作是那么适合他！他想知道，当初，老总为什么会继续留用一个败军之将呢？

"因为，我比你更不甘心。"老总的回答完全出乎年轻人的预料。老总解释道："记得当初招聘时，公司收下100多份应聘材料，我面试了20多人，最后却只录用了你一个。如果接受你的辞职，我无疑是非常失败的。我深信，既然你能在应聘时得到我的认可，也一定有能力在工作中得到客户的认可，你缺少的只是机会和时间。与其说我对你仍有信心，倒不如说我对自己仍有信心，我相信我没有用错人。"

成长智慧

  对别人有信心，是对别人的一种认可和鼓励；对自己有信心，是对自己的一种认可和鼓励。一个人对别人没有信心，往往是对自己没有信心的表现。无论我们面对的是什么事情，对别人对自己，都要有信心。只有这样，才有成功的可能。

恒久不绝的信念和爱,是最坚韧的一粒种子

亲情的温暖,可以驱走严寒。——曾金

有一个女孩,高中毕业后没考上大学,被安排在本村的小学教书。

结果,上课还不到一周,她就被学生轰下了台,灰头土脸地回了家。母亲为她擦眼泪,安慰她说:"满肚子的东西,有的人倒得出来,有的人倒不出来,也许有更合适的事情等着你去做。"

后来,她外出打工又被老板轰了回来,原因是她手脚太慢。母亲对女儿说:"手脚总是有快有慢的,别人已经干了好多年了,而你一直在念书,怎么快得了。"

女儿当过纺织工,干过市场管理员,做过会计,但无一例外都半途而止了。然而每次女儿失败回来的时候,母亲总是安慰她,从来没有指责过她。

30多岁的时候,女儿凭着一点语言的天赋,做了聋哑学校的一名辅导员。后来,她开办了一家自己的残障学校。再后来,她又在许多城市开办了残障人用品连锁店。

有一天,功成名就的女儿问已经年迈的母亲:"妈,那些年我连连失败,自己都觉得前途非常渺茫,可你为何对我那么有信心呢?"

母亲的回答朴素而简单:"一块地,不适合种麦子,可以试试种豆子;豆子也种不好的话,可以种瓜果;瓜果也种不好的话,撒上些荞麦种子也许能开花。因为一块地,总会有一粒种子适合它,也总会有属于它的一片收成。"

听完母亲的话,女儿落了泪。她明白了,实际上,母亲恒久不绝的信念和爱,就是最坚韧的一粒种子。

成 长 智 慧

在这个世界上,有一种信念和爱是永恒不绝的,那就是母爱。母爱是洒落在我们心中的最坚韧的一粒种子,无论在何时何地,这粒种子总会有一片适合自己的地,那块地总会有一片收成。

始终保持幽默的情趣,是人生的一种境界

可以说,诙谐幽默是人们在社交场上所穿的最漂亮的服饰。

——萨克雷

苏格拉底是古希腊一位伟大的哲学家,当时有不少年轻人向他求教演讲技巧。一天,有个年轻人为了表现自己,滔滔不绝地向苏格拉底讲了许多话,于是,苏格拉底向他索取双倍的学费。

那年轻人问:"为什么要我加倍交费呢?"

苏格拉底说:"因为我要教你两门功课:一门是教你怎样学会闭嘴,另一门才是教你怎样演讲。"年轻人听了,羞愧地低下了头。

苏格拉底与学生相处总是那么乐观,所以有学生问他:"我从没见过您蹙额皱眉,您的心情为何总是那么好?"

苏格拉底回答道:"因为我没有那种失去了它,就会使我感到遗憾的东西。"那名学生听了很受启发,他就应该像老师那样拿得起,放得下。

事实上,苏格拉底在生活中一直遇到麻烦,小到他的妻子经常向他发脾气,大到雅典的奴隶主、当权者要严厉处置他。

他的妻子是出了名的泼妇。

一次,苏格拉底正在待客,妻子为了一件小事大吵大闹起来,

他却淡然处之,笑着道:"好大的雷霆啊!"谁知妻子越闹越凶,竟然当着客人的面,将半盆凉水泼到了苏格拉底身上。客人很尴尬,以为苏格拉底一定会发火,谁知苏格拉底却心平气和地说:"我就知道,雷霆过后,必有大雨。"

经过这件事后,妻子很后悔,决心改掉自己的坏脾气。

后来,当奴隶主、当权者不容苏格拉底的"异言邪说"传播,决定将他处以死刑时,引起了普通百姓的极大愤慨,临刑时,一个妇女哭喊着:"他们要杀害你了,可是你什么罪也没犯呀!"

苏格拉底回答说:"噢,傻大姐,难道你希望我犯罪,作为罪犯死去才值得吗?"

这位伟大的哲人到生命的最后一刻,居然还保持着轻松幽默的情趣。

成 长 智 慧

幽默是一种调剂品,生活中如果缺少了它,就会变得乏味无趣。适时地在生活里表现出幽默,生活才会变得轻松。幽默也是一个人胸怀的体现,始终保持幽默的情趣,是人生的一种至高境界。

如果不修正贪婪,就别指望跨入幸福的境界

一个贪欲旺盛的人,他的心里装不下幸福。——纪伯伦

著名作家刘燕敏曾写过这样一个故事。

1980年,美国通过《1980年难民法》,居住在纽约水牛城收容所的512名难民,成了美国的合法公民。他们大多是来自贫困国家的偷渡者,来美国的目的是寻求自由和幸福。

新法案颁布的第25年,这批得益于该法案的人搞了一次集会。他们承认自从成了美国公民之后,生活有了空前的改善,但是,幸福的梦想远远没有实现。

霍华德·休斯是位法学博士,专门研究难民问题,他闻知此事,便展开了调查。下面是他对其中的几位原难民所做的调查记录。

001:水产商,初来美国时,在迈阿密的水产一条街做黄鱼生意,现已由原来的一间店铺发展为连锁店。20多年来,为挤垮竞争对手,他从未休息过一天,更未出外度过一天假。

039:旧车经销商,住在休斯敦郊外,别墅面积460坪,二楼为仓库,存旧车胎3600条、旧发动机420台。现有旧车7辆,改装的摩托车6辆。

382:房产开发商,1995年之前,在13个市镇拥有房产开发权,因逃税被判一年六个月监禁,被剥夺了开发权,罚款8600万美元,

现从事涂料进出口业务。

495：中介商，一直从事海地、多米尼加、波多黎各等地的劳务输出工作，通过他，本家族60%的人在美打工或暂住，现和他一起居住的亲属有14人。

霍华德的调查报告被交到美国国务院之后，迅速被移交到移民部。没过多久，原纽约水牛城收容所的512名难民每人收到一个小册子。

小册子的封面上写着：一个穷人成为富人之后，如果不及时修正贫穷时所养成的贪婪，就别指望能跨入幸福的境界。

成 长 智 慧

富裕的生活虽然可以给我们带来良好的物质享受，但是富裕的生活往往也会把我们生活中的幸福带走。不要只顾着追求那些物质方面的享受，而失去了我们所拥有的幸福。学会知足，我们才能快乐，才会得到幸福。

结束语

每个人的一生，难免都会遭受挫折和失败。所不同的是失败者总是把挫折当成失败，从而每次都能深深地打击他取胜的勇气；成功者则是从不气馁，在一次又一次的挫折面前，总是对自己说："我不是失败了，只是暂时还没有成功。"一个暂时失利的人，如果继续努力，打算赢回来，那么他今天的失利，就不是真正的失败；如果他失去了再次战斗的勇气，那就是真的败了。

想要过上你想要的生活，唯有努力。没有谁的人生永远一帆风顺。在人生的航程中，遭遇风雨是常态。你若想到达成功的彼岸，在挫折和失败面前，就不要放弃，不要气馁。你若坚定信念，勇往直前，全世界都会为你让路。